「食」の図書館

サンドイッチの歴史

SANDWICH: A GLOBAL HISTORY

BEE WILSON
ビー・ウィルソン【著】
月谷真紀【訳】

原書房

目次

序章　サンドイッチとは何か　7
なぜサンドイッチは愛されるのか　9
サンドイッチの定義　11
サンドイッチ「ではない」ものをめぐる諸問題　14
再び、サンドイッチの定義　17

第1章　サンドイッチ伯爵起源説を検証する　19
そもそもの疑問　19
第4代サンドイッチ伯爵ジョン・モンタギュー　23
デスクでとれる理想の食事　26
エドワード・ギボンの日記　27
1762年「サンドイッチ」元年説　30
サンドイッチの元祖　32　「出エジプト記」は語る　33

何を具にしたのか　38　　オランダ絵画に描かれたもの　41
質素な軽食からぜいたくなコンビニエンス・フードへ　43

第2章　イギリスのサンドイッチ史　47

工学の産物　47　　具——何をはさんでもよい　49
上流階級のサンドイッチ　51　　洗練の極致　54
労働者階級のサンドイッチ　58
ジャムサンド　61　　食品擬装の温床　63
理想の食事　66　　サンドイッチ・グッズ　67
パンの変貌　71　　進化は本物か　74
食料廃棄問題　75　　凝りまくる造形　78

第3章　サンドイッチの社会学　83

上流階級——ちょっとしたぜいたく　84
労働者階級——詰め込むもの　87
サンドイッチと鉄道　88　　サンドイッチと劇場　92
サンドイッチとピクニック　94　　サンドイッチと子供　97

サンドイッチと仕事　99

第4章　アメリカのサンドイッチ　103

垂直に伸びる構築物　103　クラブサンドイッチ　106
ダイナー　110　ボニーとクライドの朝食　112
バリエーションと郷土愛　116　あくまでも高く　119
個人主義としてのサンドイッチ　123

第5章　世界のサンドイッチ　127

バインミー——ベトナム発のサンドイッチ　127
オープンサンド——北の海の国々の伝統　132
サンドイッチを受け入れたフランス　136
独創的な日本の「パン屋」　137
中国のサンドイッチ事情　140
インドのサンドイッチ　142
アルゼンチンのサンドイッチ　144
パニーニ——イタリアから世界へ　146

謝辞　151
訳者あとがき　153
写真ならびに図版への謝辞　157
参考文献　161
有名なサンドイッチ50種　173
レシピ集　179
注　185

［……］は翻訳者による注記である。

序章◉サンドイッチとは何か

ついに！　料理から解放されたわ。本当に好きなものが食べられる――サンドイッチを！
――1970年代のある未亡人、デイヴィッド・カイナストン『イギリスの家族1951～1957 *Family Britain 1951-1957*』（ロンドン、2009年）より

持ち運び自由で、手軽で、満足感があり、安くてお皿もナイフもフォークもいらない。サンドイッチはファストフードの中で最もポピュラーな、手で食べられる軽食の元祖である。何らかの理由でパンを食べない人をのぞき、誰もがサンドイッチを食べる。それもおよそありとあらゆる場面で。学校の子供たちも、最高裁判事も、兵士も平和主義者も、忙しいコールセンターの従業員も、のんびりピクニックを楽しむ人も。病棟でも、刑務所でも、四つ星ホテルのラウンジでも、台所のテーブルでも。

サンドイッチはまさしくいちばん手早く作れる食事だ。ほかの料理について語ったり夢見たり、

ポップアートに描かれたサンドイッチ（ノースロンドンにあるニューヨーク風サンドイッチの店「ソーホー・サンドイッチ」の宣伝に使用された）。

豪華なごちそうや美食についてうんちくを傾けたりすることはあっても、わたしたちが現実に食べているのはサンドイッチなのだ。

●なぜサンドイッチは愛されるのか

「21世紀、サンドイッチは世界のほぼすべての国で、なにがしかの形で食されている」と書いているのは食物史家のアンドリュー・F・スミスである。[1] 1986年にアイリーナ・チャルマーズとミルトン・グレイザーが、アメリカ人は年間450億個、ひとり当たり193個のサンドイッチを食べると推定した。スミスによれば、もっと最近の推計ではひとり当たりの消費量は198個に伸びたという（ハンバーガーはひとり100個）。イギリスでは年間ひとり当たり200個のサンドイッチが消費されている。つまりわたしたちはほぼ毎日のようにサンドイッチを食べているのだ。もっとも、正確な数字を把握するのはむずかしい。ピザやハンバーガーやフライドチキンと違って、サンドイッチは外で買うのと少なくとも同じくらいは家で作られているからだ。

イギリスのサンドイッチ市場はおよそ35億ポンド規模（ピザ市場は10億ポンド）。これに加えて、イギリスの消費者は26億7000万個分のサンドイッチ弁当に年間38億6000万ポンド費やし、さらに家庭で62億4000万個のサンドイッチを作っていると英国サンドイッチ協会は見積もっ

サンドイッチの多様性——サンドイッチを分け合うカップル。1964年。

ている。[2] これ以上は推測の世界である。全世界で作られ消費されているサンドイッチの数は誰にもわからないが、とてつもない数字になるにちがいない。

サンドイッチがこれほど愛されているのはなぜだろう。

サンドイッチはきわめて便利で、種類は無限にあり、安くおなかを満たせる。食べる場所を選ばず、格式ばった食事にするも気軽な食事にするもあなたの気持ち次第。必要なのは食欲と片手だけ、もう片方の手は本を読んでもよし、テレビのリモコンを操作してもよし、電話を持とうが鼻をほじろうが会話に身振り手振りを添えようがメールをチェックしようが自由だ。

サンドイッチは正式な食事の制約としきたりからの解放を体現している。だからこそ、味方も敵も引きつけてきた。第4代サンドイッチ伯爵が2枚のパンの間に肉をはさんだものに自分の名前をつけて以来、サンドイッチはきちんとした温かい食事がもたらす人と人の交流や心身への栄養をおびやかすものだとする考え方がずっとあった。

●サンドイッチの定義

サンドイッチと一口に言ってもその形態はさまざまで、すべてにあてはまる定義を見つけるのはむずかしい。厚切りで具もボリュームたっぷりの「ドアストップ」もあれば、薄切りの白いパンに紙のように薄いキュウリを載せた繊細な三角形のものもある。ジャガイモのカレーとチャツネの具で熱々にトーストしたインド風もあれば、包装され冷蔵されたツナマヨの「ウェッジ」もある。豆腐にピクルスのベトナム風ベジタリアン・ホーギーも、塩漬け肉とチーズの巨大な層で厚いパンが薄く見えてしまうタワーのようなアメリカン・デリサンドもある。

要するに、サンドイッチとはパンを何らかの具（たいていは肉だが、ほぼ何でも簡単に具になる）の台に使った料理のことだ。ベストセラーになったヴィクトリア朝時代の料理書の著者、ビートン夫人はトーストサンドイッチのレシピまで紹介している。バターを塗ったパンにトーストしたパン

サンドイッチのメニュー。アメリカ。

をはさんだサンドイッチだ。病人にいいらしい[3]。オックスフォード英語辞典（OED）のサンドイッチの定義はかなり的確だ。

軽食または間食用の食品で、通常バターを塗った2枚の薄切りパンと味のついた具（もともとは肉、特に牛肉かハムと決まっていた）でできている。ハム、卵、クレソン、ピーナツバターなど中身のわかる言葉を頭につけた「〜サンドイッチ」という名称が多いが、クラブ、ダグウッド、デンヴァー、ヒーロー、プアボーイ、サブマリンを頭につけた形をとる場合もある。パン1枚だけで作るオープンサンドまたはオープンフェースサンド、ビスケットやバンズ「丸型のパン」やケーキではさむサンドイッチもある。

この定義は狭すぎるとも広すぎるともいえる。サンドイッチが「2枚の薄切りパン」でできているというのはあまりにも限定しすぎである(チップバティやベーコンバップはどうなるのだ)。その一方で、「パン1枚だけで」作るサンドイッチを認めるのは定義を広げすぎている。スカンジナヴィア、ロシア、バルカン半島の多彩な料理を構成するおいしい一要素であるとはいえ、オープンサンドは本来サンドイッチの名を与えられるべきではなかった。構造からいって、オープンサンドは名前に矛盾がある。オープンサンドはすばらしい食べ物だが、サンドイッチではない。

本物のサンドイッチには「封入する」という概念が必然的に付随する。サンドイッチは具を包み込んだパンなのである(その具がビートン夫人流に単にもう1枚のパンであっても)。具を閉じ込めるならほかにもあの手この手がある。やわらかい層で巻いた「ラップ」、ロールパンに切り込みを入れて片側だけ開いたもの、18世紀に第4代サンドイッチ伯爵が食べていた昔ながらの2枚ではさんだ構造のもの。しかし、ともかく具が閉じ込められていなければならない。サンドイッチにその名と一致した意味を持たせるなら、パン状のものが上下になければならないのだ。

そうでなければ、ただのバターを塗ったパンや、フランスの「タルティーヌ」もサンドイッチということになる。ベークトビーンズをトーストに載せたものやスクランブルエッグをトーストに載せたもの、何かを載せたトーストも、はたまたトマトとバジルの「ブルスケッタ」もサンドイッチだ——論理的に考えて、これはおかしい。どれほど複雑かつ美しくこしらえてあっても、スカンジ

スカンジナヴィアの「オープンサンド」。とてもおいしいが本当はサンドイッチではない。

ナヴィアの「オープンサンド」こと「スモーガス」(スモーガスボード〔さまざまな料理をテーブルに並べて自由に取って食べられる、ビュッフェ式の食事〕の語源)は、具が中に入っているのではなく上に載せてあるから、サンドイッチではない。サンドイッチの層を重ねるのはかまわない。ダブルデッカーやトリプルデッカーはサンドイッチである。しかしパンまたはそれと同等のロールパンかフラットブレッド〔粉、塩、水の素朴な材料を使い、薄く焼いたパン〕2枚が最低限必要だ。

◉サンドイッチ「ではない」ものをめぐる諸問題

「サンドイッチ」と称されていながら実は違うものはたくさんある。レタス2枚の間にチーズ一切れをはさんで「ダイエットサンド」と呼んだとしてもそれはサンドイッチではない。ヴィクトリア・スポンジケーキ〔原語は sandwich sponge cake、間にジャムをはさんだ二層のスポンジケーキ〕やグリルしたナスをモッツァレラチーズと交互に重ねた料理やオレオクッキーをサンドイッチとは言わないのと同じだ。いずれも本物のサンドイッチの元祖の形にヒントを得て作られたものではあるが。

２０１０年の春にアメリカのＫＦＣ（ケンタッキーフライドチキン）チェーンが、パンのかわりにフライドチキンでチーズとベーコンとマヨネーズをはさんだ、なんちゃって「サンドイッチ」（「ダブルダウン」）を発売した。ＫＦＣの言い分は「お肉たっぷり感を出すためにバンズを使わなかった」。『ニューヨーク・タイムズ』のレストラン評論家はこの商品を「歯ごたえの悪い、不自然にじっとりした代物《しろもの》」と断じた。なにより顰蹙《ひんしゅく》を買ったのは、この油まみれの肉のかたまりを「サンドイッチ」と称したことだった。

細かい話だと思われるかもしれない。しかし、時としてこれが大問題になることがある。

２００６年にマサチューセッツ州ウースターの判事が、メキシコ料理のブリトーはサンドイッチではないとの判決を出した。パネラブレッド社がライバル企業のキュードーバ・メキシカン・グリルのホワイト・シティ・ショッピングモールでの営業を阻止しようとした裁判だった。パネラブレッド社は、同ショッピングモールで自社だけがサンドイッチの販売を許可されるとする独占契約

アフタヌーンティーのサンドイッチ

をキュードーバ・チェーンのブリトーが侵害していると申し立てたが、ジェフリー・A・ロック判事は却下した。その根拠は「サンドイッチをブリトーと呼ぶシェフや料理史家はいないでしょう」と証言した地元のシェフ、クリス・シュレジンジャーの宣誓供述書だった。

判事自身はパンの枚数が争点であると結論づけ、こう述べた。「一般的にブリトー、タコス、ケサディーヤはサンドイッチのうちに入らないと理解されている。これらは通例、1枚のトルティーヤに肉、米、豆などの決まった具を包んで作るものである(4)」

◉再び、サンドイッチの定義

この問題に法の裁きを下そうとしたことは評価に価するが、判事の裁定はいささか狭量《きょうりょう》すぎた。サンドイッチの仲間からフムスやファラフェルを詰めたピタブレッド・サンドイッチを除外しなければならないのは心外だ。いまや市販のサンドイッチ市場の大きな一角を占める多種多様な「ラップ」も右に同じ。これはなかなかやっかいな問題で、ラップ（過越しの祭りのマッツォ・マロール・サンドイッチがこれにあたるとして）は記録に残る最古のサンドイッチだという説もある。しかし、ブリトーもそのひとつであるパンに包まれた食品が、サンドイッチの範疇を超えて独立した存在となったのはたしかな事実である。ハンバーガーとホットドッグは理屈からいえばサンドイッチだが、ここではそう考えない。サンドイッチはそれだけでもう一大ジャンルを形成しているのだ。

ではサンドイッチの定義づけは可能なのだろうか。

実態に即した理屈上の定義はこうなるだろう。2枚以上のパンまたは同等のロールパン、フラットブレッドその他の焼いた食品を躯体《くたい》に使って、熱い冷たいにかかわらず別の食品を具として入れ、食器が不要な食事としたもの。

とはいえ、本書では理屈にとらわれすぎないようにしようと思う。何よりもまずサンドイッチはライフスタイル、もとをたどれば18世紀を生きた、あるせわしないイギリスの伯爵のライフスタイルなのだ。

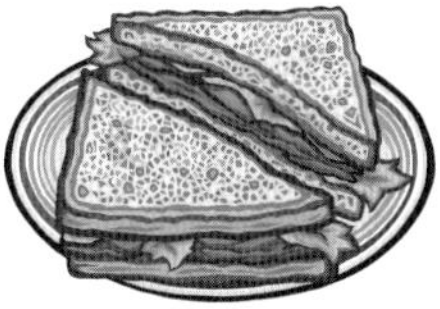

第1章◉サンドイッチ伯爵起源説を検証する

彼は温かい昼食から人類を解放した。われわれの大恩人であった。
――『これでおあいこ』（1971年）［ウディ・アレン著、伊藤典夫／浅倉久志訳、河出書房新社、1992年］の中でウッディ・アレンが想像したサンドイッチ伯爵への弔辞

◉そもそもの疑問

歴史的に見て、「サンドイッチ」はひとつの謎である。

常識で考えれば、サンドイッチ自体――肉なりチーズなり何なりをたまたま手でパンにはさんだもの――は、少なくともパンを食べる国では最も古くてありふれた形の食事のひとつであったはずだ。しかしサンドイッチという名称は非常に特定的で、ある人物の名に由来する。第4代サンドイッ

第4代サンドイッチ伯爵ジョン・モンタギュー（トマス・ゲインズバラ画、1783年）

アメリカの移民労働者が野外で簡単なサンドイッチをつまんでいる（1959年）。このような食事はサンドイッチの公式の発明以前から何百年もとられてきたはずだ。

チ伯爵ジョン・モンタギュー（1718～1792）、ゆっくり夕食をとる暇がなかったため、牛肉を2枚のパンにはさんで持ってこいと命じた人物である。こうして伯爵は、何千年とはいわないまでも何百年も前からあったはずのものを考案したとされている。

しかし、おなかを満たす手段として、サンドイッチはスープと同じくらい基本的かつ不朽の食品だ。『ラルース料理百科事典』には「たとえばフランスの田舎では、畑で作業する農場労働者に黒パン2枚ではさんだ肉を食事に出す習慣が昔からあった」と記されている[1]。ヨーロッパの農業国ではどこでも同じだった。労働者がこの軽食に名前をつける必要はなかった。ただの食べ物だ。

摂政時代［1811～20］のイギリスで広まった、スペンサー伯爵（丈の短いジャケットを普及させた）とサンドイッチ伯爵についての警句にはこうある。「片方は半分のコートを発明し／もう片方は半分のディナーを発明した」[2]。しかし、オーギュスト・エスコフィエがピーチメルバを発明し、シーザー・カルディーニがシーザーサラダを発明したのと同じ意味でジョン・モンタギューがサンドイッチを「発明した」わけではない。伯爵は食の革新者をめざしたのではないし、今では彼の名が冠されている食べ物を食べた最初の人間ではけっしてないからだ。

ウッディ・アレン［俳優／映画監督］の物語（「蒸気機関なにするものぞ」［『これでおあいこ』に収録］）はサンドイッチなる代物を発明した人間を面白おかしく取り上げている[3]。物語の中で、サンドイッチ伯爵は子供のときに自分が「ローストビーフやハムの薄切りに尋常ならざる関心」を抱いていることを自覚する。サンドイッチの発明に幼少期からとりつかれていた伯爵は、数々の失敗をくぐりぬけていく。初めての試みは薄切りの七面鳥肉を載せた2枚のパンだった。次にパンなしで3枚のハムを重ねたものを試作する。そしてついに、1758年4月27日の未明、伯爵は2枚のライ麦パンにハムとマスタードをはさむことを思いつき、意気揚々となる――これだ！　彼の発明はたちどころに喝采を浴びる。サンドイッチに電球やジェニー紡績機と同じく特定の発明者がいるという設定は笑ってしまうほどばかばかしい。

ところがである。驚いたことに、1760年代から1770年代にかけてのわずかなあいだに「サンドイッチ」は一般名称としてあっというまに確立し、定着して、ジョン・モンタギューの名と永遠に結びつくことになった。モンタギューが「サンドイッチ」そのものを発明したわけではないのに、わたしたちはサンドイッチを食べるたびにその事実を無視できず、彼の名を思い浮かべる。なぜか。

◉第4代サンドイッチ伯爵ジョン・モンタギュー

サンドイッチの簡単な歴史にかならずといっていいほど出てくる通説はこうだ。伯爵はギャンブル狂で、賭けトランプに夜通しのめりこみ、食事のために席を立つのを億劫がった。空腹になった伯爵は2枚のパンにはさんだ肉をトランプ用テーブルに持ってこさせたという。この話のネタ元は雑談満載のフランスの旅行書、ピエール・ジャン・グロスレ著『ロンドン旅行記 *Tour of London*』(初版は『ロンドン *Londres*』のタイトルで1770年刊)、1765年のロンドン滞在記である。グロスレは次のように書いている。

国務大臣は公共の賭博台で24時間過ごし、賭博に没頭するあまり、その間ずっと、2枚のトーストしたパンの間にはさんだ牛肉をゲームの手を止めずに食す以外はまったく食事をとらなかった。この新しい料理はわたしのロンドン滞在中に大流行し、発明者である大臣の名で呼ばれるようになった。[4]

第4代伯爵の伝記を書いた海軍史家のN・A・M・ロジャーはこの説明に疑問を呈している。1765年にはモンタギューは閣僚を務めており「非常に忙しく」、徹夜の賭博に割く時間はなかったはずだ。[5]

事実、モンタギューが名うてのギャンブラーだったという評判は裏づけにとぼしい。たしかに彼は変わった賭けをするのはやぶさかではなかった。たとえば、女装のフランス人外交官、シュヴァリエ・デオンが女性ではないほうに50ギニーを賭けている。また、隣人たちとさまざまな田舎道の相対的な距離について小さな賭けを楽しんだ。しかし同時代人の標準からすると、彼のギャンブルは度を過ぎたものとは言えなかった（イギリスの貴族としては貧乏だったからなおさらだ[6]）。

もうひとつの説明は、モンタギューはトランプ用テーブルで賭けトランプに熱中したのではなく、デスクで執務に忙殺されていたというものだ。彼は海軍大臣を2度（1748〜51年と1771〜83年）、郵政大臣を1度（1768年）、閣内相を2度（1763年と1770年）も務めた、休みを知らぬ精力的な政治家だった。海軍本部では、イギリスの海軍運営を徹底的に改革するという大仕事を担った。ロジャーは、執務に忙殺されていたという説が妥当と考えている。というのも、「夕食が一日で唯一のしっかりした食事で、上流階級の夕食の時間が4時であった時代に、彼が早

ふたりの女性にはさまれた（サンドイッチされた）男性。手彩色エッチング（1788年）。この絵から「サンドイッチする」という概念がいかに早く広まったかがわかる。

朝から長時間仕事をしていた十分な証拠があるのだ[7]」

●デスクでとれる理想の食事

サンドイッチは書類仕事に没頭して手を止める暇のない人にとって、デスクでとれる理想の食事だ。パンとチーズ、もしくはパンと肉という構成要素が皿に載っているのが通常の食事だが、サンドイッチの革新的なところは片手で食べられる点である。もう片方の手は空いているので、ページをめくったり、書類にサインをしたり、手紙を書いたりできる。つまり食事をしている最中にもかかわらず仕事を続行できるのだ。第4代伯爵の7代目の孫であるオーランド・モンタギューは「わが家系にはせっかちという欠点がある」と述べていること[8]にも注目したい。

しかしこの言葉が定着したということは――1773年に「サンドイッチ」という言葉が料理書に初めて使用された[9]――ジョン・モンタギューがサンドイッチを食べている姿がたびたび目撃されていたはずであり、それはつまり彼がいつもひとりで食べていたのではないということになる。そして目撃者たちはモンタギューのサンドイッチ食習慣に何か特徴的なものを認めたからこそ、彼の名をつけようと思ったにちがいないのだ。

九柱戯《きゆうちゆうぎ》「ボーリングに似たゲーム。ボールを転がして9本のピンを倒す」と音楽を愛する（長年の愛人マーサ・レイはオペラ歌手だった）せわしない大男、サンドイッチは、いかにも何かに彼にちなんだ名前をつけたいと人に思わせるような個性の持ち主だった。海軍本部で彼の部下だったキャプテン・クックはサンドイッチ諸島（現在のハワイ諸島）を彼の名からとってつけた。サンドイッチの命名のいきさつからは――そんな大事件でなくても――人々がもっと日常的なことで彼の真似をしたのがわかる。サンドイッチの友人たちは、彼が2枚のパンにはさんだ冷肉《れいにく》を注文するのを見たり聞いたりして、「サンドイッチと同じものを」といったようなせりふで自分も頼んだにちがいない。数か月か数年のうちに「サンドイッチと同じもの」が略されて「サンドイッチ」になったのだ。

◉エドワード・ギボンの日記

この言葉の最初の使用例としては、当時のもうひとりの偉人の手になるものが知られている。1762年11月24日、歴史家のエドワード・ギボン（『ローマ帝国衰亡史』の著者）が『日記 *Journal*』にロンドンでの一夜を記録している。彼は友人のホルトとともにセントジェームズ街の「ココア・ツリー」で夕食をとってから、ドライデンの『スペインの修道士 *Spanysh Fryar*』を観劇した。その後「ココア・ツリー」に戻ったときのことをこう書いている。

2枚のパンではさんだ牛肉。第4代伯爵が食べた元祖サンドイッチ。

かの尊敬すべき面々（わたしもその一員たる名誉にあずかっている）は、毎晩まことにイギリス的な光景を展開する。流行と裕福さにかけてわが国でおそらくトップクラスの20～30人の男たちが、コーヒールームの真ん中にあるナプキンをかけた小さなテーブルで、冷肉少々すなわちサンドイッチの夕食をとりグラスでパンチを飲んでいるのだ⑽。

この記述はたくさんのことを教えてくれる。初期の「サンドイッチ」が通常は冷肉の具だったこと、サンドイッチをイギリス社会の最上流層の人々が食べていたこと、そしてサンドイッチは夕食、もしくは夕食後かなり長時間たってから食べる観劇後の食事と考えられていたことである。

しかしギボンは多くの疑問を謎のまま残している。サンドイッチにどうしてその名がついたのかという根本的な疑問がそのひとつだ。この「ココア・ツリー」の「20～30人」の常連以外にはどれだけ広く知られていたのか。1762年以前のどれくらい前からサンドイッチはサンドイッチの名で知られていたのか。

ギボンの日記の日付からすると、サンドイッチ伯爵のサンドイッチが誕生したのは、1回目の海軍大臣を務めていた1748～51年のどこかである可能性が濃厚だ。

当時モンタギューは30代、激務のかたわら悪名高い地獄の火クラブ［上流階級の秘密結社］との関係からロンドンのクラブライフにも通じ、遊び人として名をはせていた。1750年代に精神異常と宣告された妻と別れ、しばらくのあいだ、ハンティンドンシャーにあるヒンチンブルックの屋敷にしりぞいて静穏な生活を送る。屋敷では敷地内で育てられた牛の肉と良質な自家菜園の野菜が手に入った。ここでも時々は2枚のパンにはさんだ冷たい牛肉を食べていたはずだが、かりにそうだとしても、屋敷の外の人間の目にとまることはほとんどなかっただろう。「サンドイッチ」が1762年までにギボンや仲間たちの間で流行《はや》ったのは、伯爵がロンドンのゴシップ好きな社交界で注文したからである可能性が高い。

◉1762年「サンドイッチ」元年説

真相は永久に闇の中だ。いずれにしろ謎の焦点はジョン・モンタギューがパンにはさんだ冷たい牛肉を初めて食べたのがいつなのかではなく、別の誰かが彼の真似をして初めて「サンドイッチ」を注文したのがいつなのかである。モンタギューではなくその誰かこそ、現在使われている意味のこの言葉を発明した張本人なのだ。しかしその瞬間をとらえた同時代人の記録者がこれまで発見されていないため、1762年を「サンドイッチ」元年とするしかない。

当代サンドイッチ伯爵の子息で若き起業家のオーランド・モンタギューは、当然というべきかサンドイッチビジネスに乗り出した。2003年にロバート・アール（プラネット・ハリウッドとハードロックカフェの創業者）という絶好の名前［アールには伯爵の意味がある］のパートナーと共同で、モンタギューはアール・オブ・サンドイッチというチェーンレストランを創業、フロリダのウォルト・ディズニー・ワールドやデトロイト空港などに出店した。

アール・オブ・サンドイッチは注文を受けてから作り始める熱々のサンドイッチ――肉もパンもすべてその場で焼き上げる――を、「歴史」をテーマに販売している。壁に飾られた銘は「自分の名前をつけるならこんなサンドイッチを作りたい（The sandwich you'd make if your name was on it）」とうたっている。[11] メニューに並んでいるのは「フル・モンタギュー」や「アールズ・クラブサンドイッチ」、そしてギボンの時代を思わせる「1762年オリジナル」（温かいパンに熱々のローストビーフとスライスチーズと強烈な西洋わさびをはさんだもの）。

オーランドの意欲的かつ精力的な活躍ぶりは先祖ゆずりだが、冷たい残り物の魅力については意見を異にする。「冷たいのはいけません。冷えた食べ物は温かいものほどおいしくないですからね」[12]。この熱々サンドイッチの新しいファミリー・ブランドで、モンタギューは楽観的にも「大文字のSのついたサンドイッチ」を復権させようとしている。[13] 同社のキャッチフレーズは「1762年に生まれた元祖サンドイッチ」なのだ。

◉サンドイッチの元祖

では1762年以前のサンドイッチ――その名がつく前のサンドイッチはどうだったのか。パンに肉をはさむという発想は、パンと冷肉を所望した伯爵が最初ではあるまい。特にフォークの利用が始まる以前の時代には、パンとチーズまたはパンと肉を指を汚さずに食べる方法としてこれが最も上手な、最もあたりまえの食べ方だったはずだ。しかし1762年以前のサンドイッチについてはじれったいことに証拠がないのである。

古代ローマ人が「オフラ」または「オフェラエ」と呼ばれる一種の「サンドイッチスタイルの」軽食を食べていたことをほのめかす文献がある。[14] これらはたしかに軽食の一種であり、居酒屋で食べられていたようなものだったが、「サンドイッチスタイルの」は言いすぎであろう。「オフラ」はむしろ「タパス」〔小皿料理〕に近く、軽食を総称する言葉だったようだ。漬け込んだ一口サイズの肉だったり、もちもちしたポレンタ〔トウモロコシの粉を煮て固く練ったもの〕のかたまりだったり。サンドイッチにはほど遠い。

もうひとつ、やはり行き詰まるのが中世の「トレンチャー」――食べ物を盛って供された大きなパン――の線だ。トレンチャーはよくサンドイッチになぞらえられ、サンドイッチをテーマにしたある本の著者は、中世のサンドイッチは「トレンチャーの名で知られていた」とまで言い切っている。[15] トレンチャーがサンドイッチと同様、パンをほかの食物を食べるための台に使ったものであることは疑いの余地のない事実である。しかし同じなのはそこまでだ。サンドイッチとは異なり、トレンチャーでは肉とパンを一緒に食べない。

トレンチャーの役どころは主として「食べられる皿」だった。盛大な饗宴では、トレンチャーは食事中に数回下げられ、新しいものに替えられた。[16] 肉汁のしみこんだトレンチャーは後で使用人が食べたのである。他人が食べ残した肉汁のしみこんだパンを食べるのと、自分のサンドイッチを食べるのは同じとはいえまい。

◉「出エジプト記」は語る

サンドイッチの元祖としてもっと有力な候補は――そしてはるかに古い――ユダヤ教の過越《すぎこし》の祭り「ユダヤ人がエジプト人の奴隷だった時代の故事にちなむ祭日」の食事の一部だった「コレフ」別名「ヒレル・サンドイッチ」である。紀元前1世紀に名高いラビだったヒレル長老（生年紀元前110年ごろ）が、苦いハーブをマッツォというパンにはさんで食べる習慣を創始した。ハーブ（マロール）で奴隷の身分のつらさを象徴し、無酸酵パンでイスラエル人がエジプトを脱出したときに急いで焼いたフラットブレッドをしのんだのである。

現代のアメリカの過越しの食事で食べられている「ヒレル・サンドイッチ」。記録に残る最古のサンドイッチ？

聖書の「出エジプト記」12章8節では、過越しの決まりを「そしてその夜、肉を火で焼いて食べる。また、酵母を入れないパンを苦菜《にがな》を添えて食べる」と記している。セダーという過越しの食事の決まりを定めたユダヤ教の文書『ハッガーダー』によると、ヒレルは「出エジプト記」と「民数記」の指示に従い実際に儀式を行なった。「これが神殿があったときにヒレルが行なったことだった。彼はいけにえの子羊とマッツォと苦菜を包んでひとつのものとして食べるようにした」。つまり、ヒレルは子羊肉とハーブのサンドイッチを作ったわけだ。

マッツォ・マロール・サンドイッチは今でも過越しの祭りの食事の一部として食べられているが、現在では肉は使われていない（神殿の破壊後はいけにえを捧げることができなくなったため）。マッツォには甘い「ハロセット」――木の実のペーストでさまざまな種類がある(17)――に苦菜の代わりとして奴隷のつらさを象徴する西洋わさび少々を添えた詰め物をする。「ハロセット」はエジプト人のために労働を担った古代イスラエル人奴隷が使ったモルタルの象徴であり、それをはさむマッツォはレンガである。

しかし「ハロセット」は自由の甘い味の象徴でもある（過去には血を意味することもあった）。ユダヤ人に苦味と甘味のふたつの味を一緒に味わわせるのはヒレルのアイデアだったが、サンドイッチの構造は相反する味を組み合わせる手段として最適だった。現代の「コレフ」では、西洋わさびと「ハロセット」が2枚のさくさくしたマッツォ・クラッカーにサンドされている。

ヒレルの元祖サンドイッチはこれとは違っていただろう。当初のマッツォは本来、チャパティや「ラヴァッシュ」のような単なるやわらかいフラットブレッドだった。本来の過越しのサンドイッチはケバブに似たラム肉のローストとハーブを巻いたラップのようなもので、きっととても美味だっただろう。ヒレルが肉とハーブとパンをこのような形で一緒に食べるよう推奨したという史実によって、古くから中東ではこのような「サンドイッチ」が食べられてきたことがわかる。イギリスやアメリカなど世界各地で10年前から大流行するようになった「ラップ」は、サンドイッチの新顔とみなされることがあるが、実は逆なのだ。「コレフ」の存在は、肉と野菜を包んだフラットブレッドの起源がきわめて古いことを証明している。

現代のチキンのラップ。中東のフラットブレッド・サンドの一大系譜に連なる凡庸な子孫。

紀元前1世紀の過越しのサンドイッチは、中東全域で今日食べられているフムスとファラフェル入りのピタブレッド、レバノンの「ケナフェ」「白いチーズのフィリング」を詰めたゴマのフラットブレッド、クリームチーズとミントとキュウリを詰めたアルメニアの「ラヴァッシュ」などなどに至る、中に具を詰めたフラットブレッドの系譜をほうふつとさせる。

ヒレルのサンドイッチがわたしたちの狙いにかなっていて特筆すべき点は、ヒレルがわざわざはっきりと、具をパンに包むないし中に入れるという概念を取り入れたことである。「コレフ」という言葉は囲う、含む、取り巻くという意味の「カラフ」に由来する。製本の構造や経帷子《きょうかたびら》で覆うことを指すのに使われるのと同じ言葉だ。まさにどんぴしゃりである。サンドイッチのパンは本の表

いろいろな味のラップを宣伝する看板。2009年、ロンドンのバラマーケットにて撮影。

紙（具が中のページにあたる）、あるいは中身の遺体を覆って保護する経帷子の役割を担うといえる。構造上、ヒレルのサンドイッチは記録に残る最初の真のサンドイッチである。しかし文化的には、わたしたちが「サンドイッチ」と呼ぶものとはつながらない。この中東のラップの仲間はヨーロッパのサンドイッチとはまったく異なる流れを汲むものであり、両者を結びつける単一の名称はないのである。

●何を具にしたのか

第4代サンドイッチ伯爵以前の西欧に戻ると、パンに添えたり上に載せたりしたものとはうってかわって、パンの中に詰めた具の材料について具体的な記述を見つけるのが非常にむずかしい。サンドイッチの前身と考えられるのは、近代イギリスのスプレッドトースト［上にスプレッドというペースト状の具を載せたトースト］の系列で、子牛の腎臓を卵の黄身と混ぜたもの、スクランブルエッグ、溶かしたチーズとアンチョビなどのトッピングがあった。[18] 1801年の『ザ・ヨーロピアン・マガジン』にサンドイッチの先駆けとしての「トースト」の概念を裏づける記述がある。有名な酔っ払いだった俳優のトマス・ウォーカー（1698〜1744）の伝記に、彼が舞台裏でよく「酒臭さをごまかすために」軽食を食べていて、それが「サンドイッチ（当時の呼び方ではアンチョビ・トースト）」だったとあるのだ。しかし１７６２年以前にアンチョビ・トーストが上をパンで蓋《ふた》してあったとする記述は見つからない（１８４７年のアメリカの「アンチョビ・トースト」のレシピでは、アンチョビを「2枚のトーストではさむ」としているが[19]）。

もっと広い意味合いでは、「ブレッド・アンド・〇〇」というカテゴリーがある。２００４年の『ガストロノミカ』の記事でマーク・モートンが「サンドイッチはかつては単に『ブレッド・アンド・ミート』とか『ブレッド・アンド・チーズ』の名で知られていたようである」という説を唱えている[20]。

モートンはこの2語が16世紀と17世紀のイギリスの戯曲に散見されるという説得力ある指摘をしている。シェイクスピアの『ウィンザーの陽気な女房たち』［松岡和子訳、ちくま文庫、２００１年］の登場人物ニムは「I love not the humour of bread and cheese（かつかつの食い扶持のやつにでかい面されてる気分だあね）」と述べている。モートンは重要な点としてこの言葉がいつも「ブレッド・アンド・チーズ」であって「チーズ・アンド・ブレッド」という順序になっていないことに言及している。そこから、パンがサンドイッチのようにチーズをはさむ台に使われていたことが読み取れるというのだ。

「ブレッド・アンド・ミート」と「ブレッド・アンド・チーズ」が時としてサンドイッチと同じだったとするモートンの説には反論がむずかしい。しかし「ブレッド・アンド・チーズ」が常にサンドイッチを意味したというのは言いすぎだろう。それよりはおそらく、今と同じように当時も「ブレッド・アンド・チーズ」は単に言葉通りの意味で、皿にパンとチーズを載せたものを指し、食べる者が気が向けば一緒にして食べたのだろう。チーズとパンを一緒にして「サンドイッチ」にした人は多かったにちがいない。しかしチーズだけをナイフに刺して食べた人、1枚のパンにチーズを載せるだけでもう1枚で蓋をしなかった人、パンとチーズをそれぞれ交互に食べた人もいただろう。

とはいえ1762年以前の西欧で、薄切りパンの間にチーズあるいは何かがサンドされていたことを伝える具体的な文献がないことに変わりはない。

わたしは1571年にジョン・ノースブルック（1568〜1579年に活躍）が書いた反ローマ・カトリック教会の小論文「*Spiritus est vicarious Christi in terra*」の中に、パンにチーズを入れるという発想をほのめかすわずかな言及を見つけた。ノースブルックはカトリック教徒を「ネズミ捕りのようだ、なぜなら彼らはおいしいパンとチーズとバターをもってして、中にヒ素と毒を盛るからである。おいしいパンとバターはおびきよせて隠した毒を食わせ殺すためにほかならない」（傍点筆者）としてヒステリックに糾弾している。[21] 毒が「隠して」あると断言されており、パンとチーズとバターの中に毒を隠すという発想からすると、これはサンドイッチのことを指していると読めるのではないか。サンドイッチならうってつけの毒の隠し場所だろう。しかしこれは推測の域を出ない。ノースブルックが毒を個々の材料の中に隠すと言っているという読み方もできる。

もうひとつの有力な候補は、１７３０年にチャールズ・カーターが著した料理書（『実用料理完全版 *The Complete Practical Cook*』）に書かれた携帯「パン」だ。ただし、持ち歩き用に上手に中をくりぬいて肉（鶏肉か羊肉など）を詰めたまるごとのフランスパンもあり、これは伯爵流のベーシックなサンドイッチとは異なる。

◉オランダ絵画に描かれたもの

サンドイッチが「サンドイッチ」になる前のサンドイッチはいずこに？

歴史家のサイモン・シャーマはオランダの「ベレッデ・ブローチェ」がサンドイッチ以前からあるとし、多くのサンドイッチ史もこの点は彼の意見に追随してきた。その根拠は１６７３年にジョン・レイが書いた旅行記『低地諸国をめぐる旅での地理学的、倫理学的、生理学的考察 *Observations topographical, moral and physiological made in a journey through part of the low-countries*』である。

オランダ料理についての考察──彼は「羊の糞の汁で色をつけたというグリーンチーズ」に魅せられている──の中で、レイは「どこの宿にもたいてい塩漬け牛肉があって、それを薄切りにしてパンとバターと一緒に食べる。バターの上に載せて食べるのである」と記している。[22] このことから、「ベレッデ・ブローチェ」が「サンドイッチよりも歴史が古い」ことがわかる、とシャーマは主張する。[23]

たしかにその通りだが、ただしここに書かれているのは正確にいえばサンドイッチではなくオープンサンドである。レイはオランダの宿屋が肉の上にもう1枚パンを載せたとは言っていない。とはいえ、イギリスと同じく、このように証拠がないからといって、オランダでサンドイッチが食べられていなかったとする証拠にはならない。シャーマが見事な筆致で取り上げた16~17世紀のオランダの静物画を見さえすれば、チーズや肉や魚を中に詰めた皮の堅いパンがオランダの基本の食事だったと確信できるだろう。

ハムと皮の堅いパンを描いたオランダの静物画、ピーテル・クラース（1597～1660）画。サンドイッチ作りへの誘い？

シャーマは古典的な静物画に描かれた食事の材料についてこのように書いている。「(かならずしも朝食ではない) チーズ一切れ、パン1枚、ニシンにおなじみのレモン、少々の木の実と果物、ライン河流域産のワインのグラスまたはエール［ビールの一種］の大型ジョッキ」。こうした絵を見ると、ニシンが早く上にレモンをぎゅっと絞ってパンに詰めてくれといわんばかりだ。

あるいは、1646年のピーテル・クラース (1597〜1661ごろ) 画、「ワイングラスとエビとパンのある静物」を考えてみよう。こちらもサンドイッチ作りを誘うような絵だ。光を放つ白ワインのグラス、皮の堅いパン、小さなピンク色のエビを盛った皿が描かれている。このエビをパンに入れないとすればどう食べるというのだ。

あるいはヘレット・ウィレムス・ヘダ (1620〜1702ごろ) の「ハムのある静物」。皮の堅いパンとマスタードと一緒に白いテーブルクロスの上に載っている、ピンクと白の火を通したハム。手元にそんな材料があったら、パンの内側にマスタードを塗って薄切りにしたハムをはさまないほうが不自然というものだ(24)。

●質素な軽食からぜいたくなコンビニエンス・フードへ

とはいえ、ヨーロッパのサンドイッチが1762年まで歴史的文献に姿を見せていないことは認めなければならない。そこで、第4代伯爵の行為のつまるところ何が、このベーシックな食べ方に自分の名前をつけるほど特別だったのかという問題が再び浮上する。

わたしなりの答えを提示したい。ジョン・モンタギューのサンドイッチが新しかった点は——前述のグロスレが1770年の『ロンドン旅行記』でこれを「新しい料理」と呼んでいたことを無視するわけにはいかない——彼がこれを食べたという事実ではなく、これを出来上がった状態で持ってこさせたという事実にある。

パンと肉が食べられるようになってからの数千年間、皿の上のパンと肉でサンドイッチを自作した名もなき人々は無数にいたにちがいない。しかし仕事の手を一瞬でも休めずにすむように、自分のかわりにあらかじめパンと肉をセットして持ってこさせたのは、デスクを離れる暇もないほど忙しかった貴族のモンタギューただひとりだった。新しかったのはそれを食べたことではなく、注文したことだったのだ。

なぜ彼の名がついたかの説明もこれでつく。「ココア・ツリー」のような場所では、モンタギューが冷肉を2枚のパンの間にはさんだすぐ食べられる形で注文したという噂はあっというまに広まっただろう。サンドイッチを質素な軽食からぜいたくなコンビニエンス・フードに変身させた彼は、やはり革新者だった。

チャールズ・ディケンズの長編小説『骨董屋』は、1762年以前のサンドイッチがどれだけ

ニューヨークの摩天楼の上でサンドイッチの昼食をとる建設労働者

食べるのが面倒だったか（そして多くの労働者階級の宿屋であいもかわらず食べられていたか）をかいまみせてくれる。

死ぬほどおなかをすかせたキットという登場人物が「大きな一切れのパンとビールのジョッキを隅っこに」運び、自分でサンドイッチを作りにかかる。ところが「自分のパンと肉をやっつける」のに、キットは「一口ごとにナイフを3分の2ほども口に突っ込む」。結局、「ひとかじりで巨大なサンドイッチを口に入れるので、話が続けられなくなった」[25]。自分でやると「パンと肉」をサンドイッチにするのがどれほど取り散らかり、手間がかかるかをディケンズは活写している。

対照的に、サンドイッチ伯爵の調理済みサンドイッチはこぎれいで、奇跡の構造物だった。食事でありながらナイフやフォークが要らず、しかも忙しい指には脂も残らない。実に偉大な発明だった。

第2章◉イギリスのサンドイッチ史

彼はサイドボードの上の牛肉のかたまりから1枚薄切りにして、2枚のパンの間にはさみ、その無雑作な食事をポケットに入れると調査に出かけた。

——アーサー・コナン・ドイル『シャーロック・ホームズの冒険』（1892年）

◉工学の産物

大あわてで材料を重ねただけのサンドイッチもあれば、ていねいに神経を配って作り上げたサンドイッチもある。スタンダードな2枚のパンの三角サンドイッチ、トリプルデッカーのクラブサンドイッチ、何層も重ねたスクービー・ドゥー・サンドイッチ、ホテルで出される耳を切り落としたアフタヌーンティー用三角形サンドイッチ、はたまた1970年代の郊外風アスパラガス・ピンホイール［中心にアスパラガスを巻いたロールサンドイッチ］。

ヴィクトリア・スポンジケーキ。サンドイッチの形を借用した数多い食べ物のひとつ。

いずれにせよ、サンドイッチは単なる食べ物ではない。工学の産物である。ふわふわの層を重ねたヴィクトリア・スポンジケーキから、航空機の設計に用いられる「サンドイッチ構造複合体」の複雑なパネル材まで、サンドイッチの名がついたり形のヒントになったりしたものはほかにもたくさんある。しかしごく基本のハムサンドイッチにさえ、一定の構造品質がある。

サンドイッチの作り手は――一日に何千個もの商業用サンドイッチを量産しているメーカーであろうと、出かける時間ぎりぎりにお弁当を詰める忙しい家庭の母親であろうと――数々の設計上の問題を解決する必要に迫られる。主なものを挙げれば、パンの選択、べちゃべちゃにもパサパサにもならずに具とパンをまとめるつなぎを何にするか、サンドイッチの切り方は長方形か斜めか、具とパンの理想的な比率はどれくらいか、サンドイッチの持ち運び方はどうするか、そしてパンの耳は残すか切り落とすかという重大な問題。
1762年以後の記録に残る最初期のイギリスのサンドイッチは、パンと冷肉は薄切りでなければならないと強調している。ある初期の「サンドイッチ」のレシピにはこうある。

ごく薄切りにした牛肉をバターを塗った薄切りパンの間にはさみ、端をきれいに切り落とし、皿に並べる。薄く切った子牛肉やハムを同様にして出してもよい。(1)

1793年刊の『ピアソンズ・ポリティカル・ディクショナリー *Pearson's Political Dictionary*』では「サンドイッチ」を「向こうが透けるくらいの薄さの小さなバターつきパン2枚に、調理後時間のたったハムまたは牛肉をはさんだもの」と定義していた。(2)

●具──何をはさんでもよい

初期のイギリスのサンドイッチの具としては、保存食や瓶詰にされた魚やシーフード、主にアンチョビや瓶詰のエビがあった。ロンドンのストランド107番地に本店のあるJ・バージェスという食料品店が1780年代からイギリスの出版物にひんぱんに広告を出して、「最上級のゴルゴナ産アンチョビ」の良さを宣伝し「バターつきパンやサンドイッチの具に」と推奨している。(3) 1790年代からはソーホー地区のライバル店ミスター・マッケイズが自店の「サンドイッチにうってつけの……エビの瓶詰」を宣伝した。(4)

19世紀になると、活字に残るサンドイッチの具はチーズ、クレソン、鶏肉、カキ、瓶詰の肉、ナスタチウム［食用花］の葉、ロブスター、チャービル入りマヨネーズ、サルシファイ［西洋ごぼう］、フォワグラのパテ、キャビア、アスパラガス、卵とガーキン［小型キュウリのピクルス］と多彩な材料を採り入れて急増した。

甘いサンドイッチも現れた。砂糖とレモン汁、あるいは（1886年に登場した）糖蜜とデヴォンシャークリーム［デヴォンシャー州で作られたクロテッドクリーム］入りの焼いてから時間のたったミルクロールのサンドイッチなどだ。

こうして、2枚のパンの間にどんな食べ物をはさんでもサンドイッチと呼べるのだという真理が次第に明らかになってきた。かならずしも食べ物でなくともよい。19世紀初めの有名な逸話だが、ソーブリッジ夫人なる人物は「自分に言い寄ってきた老人への軽蔑を表すため、相手が自分の化粧台に置いた100ポンド札を2枚のバターつきパンの間にはさみ、サンドイッチにして食べた」そうだ。

マーマイト・サーニーズ［マーマイトはビールの搾りかすを加工して作るペースト状の醱酵食品。サーニーはサンドイッチのイギリスでの愛称］――最も基本的なサンドイッチ

◉上流階級のサンドイッチ

19世紀のあいだに、貴族階級のサンドイッチ作りはサンドイッチ伯爵のベーシックな作り方からはるかに進化し、洗練され高級なものになっていった。1890年刊のT・ハーバート著『サラダとサンドイッチ *Salads and Sandwiches*』には良質なサンドイッチの作り方が詳細に記されている。ハーバートは多種多様な具（魚の項だけでも、イワシとソレル［ハーブ、スイバのこと］、ブリーム［コイ科の魚］、コイ、カニ、キッパー［燻製の魚］、ブローター［塩味をつけた燻製の魚］、ローチとラッド［いずれもコイ科の淡水魚］、ガンギエイ、マス、マグロ――「フランス食材店で買うこと」――イミテーションクラブとイミテーションロブスター［カニやロ

『サラダとサンドイッチ』。1890年刊のT・ハーバートの著書の表紙

ブスターに似せて作った食品」――「缶詰が便利」）があるが、サンドイッチの基本的な作り方について、ハーバートは次のように厳密に書いている。

パンは通常約3ミリがサンドイッチの厚さとされる。しかしパンの厚さと肉の量は作り手にまかされる。バターは控えめに、粉末トウガラシと塩とコショウは慎重に使いたい。……サンドイッチを作るにあたっては、目に美しく味覚を最大限に喜ばせることを意識していただきたい。見た目はできるだけ優美に、時々見られるような、サンドイッチというより大口開け料理《マウス・ディストーター》と呼びたくなるような代物にはならないように。(5)

この大口開け料理《マウス・ディストーター》に触れているところに、中流階級と上流階級が軽食として食べていた、できるだけ小さく上品になるよう意図したサンドイッチの作り方と、労働者階級がメインの食事として食べていた、できるだけ短時間で食欲を満たし、パンの大きさが許すかぎり大きくて満腹感があることを主目的としたサンドイッチの作り方の間に、すでに溝ができていたことがうかがえる。どちらにもそれなりの課題があった。

ハーバートの本の表紙には、耳を切り落とした白い四角形のハムサンドイッチの幾何学的な山が、色鮮やかな磁器の皿に街区のように並べられている。ひとつを一口か二口で簡単に食べられるだろう。

1890年当時、ハーバートにとってサンドイッチ作りの目標はできるだけ食感のなめらかなものを作ることだった。ソーセージの皮はむき、魚は「ボウルの中でペースト状にする」のが望ましく、カキは「こまかくみじん切りにする」。それでいて使われている風味は変わっていて刺激的だ。羊肉の薄切りを「ミントの若い葉とレモンの絞り汁」と合わせる。瓶詰の牛肉は火を通したマッシュルームとピクルスと「エシャロット」で引き立たせる。骨髄は「バターのように塗って」塩コショウとナスタチウムの葉で味つけする。

◉洗練の極致

第二次世界大戦前の数十年間、イギリスの上流階級のサンドイッチの具はさらに多様性をきわめ、意外性に富むようになった。狩猟会やピクニック用のサンドイッチはわりあい地味で、レアのローストビーフと西洋わさびを白い薄切りパンにはさみ、耐油紙で包んだものだったが、アラベラ・ボクサーが書いているように、アフタヌーンティー用のサンドイッチの具は「多種多彩で今日のものとはまったく性格を異にしていた」

キュウリやトマトのような一握りの具をのぞいては、さまざまな材料を複雑に組み合わせ、すべてこまかくみじん切りにして混ぜて作られており、現代であればウィーンやトリノのような都市で見られるサンドイッチに似ていた。固ゆでの卵は単にスライスするのではなく、みじん切りにしてマヨネーズ、マンゴーチャツネ、あるいはクレソンと混ぜられた。クリームチーズはみじん切りにしたクルミ、デーツ、ドライアプリコット、あるいはステムジンジャー［ショウガの砂糖漬け］と、またはハチミツやレッドカラントのジャムと合わせた。(6)

1947年刊C・F・レイエル、オルガ・ハートレー共著『上流階級の料理術 *The Gentle Art of Cookery*』には「バラの花弁のサンドイッチ」のレシピが紹介されている。できれば「鮮やかなピンク色のダマスクローズもしくはオールド・ファッションド・ローズ」の花びらを、無塩バターを塗った白い薄切りパン2枚の間に重なり合うように散らして作る、と書いてある。『新しいサンドイッチ *Something New in Sandwiches*』（1933年）には「火を通してから冷やしたハマナ［ヨーロッパの海岸に自生する植物］」、グアバの薄切り、コダラとトマトソース、ベーコンと一緒にたたいたヤマウズラの冷肉、火を通した羊の脳とパセリの層に「味をつけたグレービーで煮込んだ、サイコロ状に切った脂肪の少ないハム」の層を重ねた「ハイ・ファイナンス」と呼ばれるダブルデッカーのホットサンドといった突飛なものが載っている。

このように手の込んだレシピには、サンドイッチが凡庸《ぼんよう》な食べ物であってはならないという過剰

かわいい形に型抜きした子供向けのサンドイッチ。サンドイッチの作り方の中でも形に工夫を凝らしたジャンルである。

なまでの恐怖心がうかがえる。これは空腹を満たすためというより飽食の生活を送る人に食べてもらうためのサンドイッチ作りであり、この手のひらに載るような食べ物を食卓に出すのは大変な仕事だった。

キュウリ——余暇と安楽と特権の象徴——のような一見するとシンプルな上流階級向けの具を入れたサンドイッチでさえ、きちんと作るには周到な準備が必要だった。オスカー・ワイルドの『真面目が肝心』の登場人物アルジャーノンは、叔母のオーガスタがやってきたときにお茶に添えるキュウリのサンドイッチがないことに恐慌をきたす。「特別に注文したのに」——実はそれと気づかず自分ですべて食べてしまっていたのだった。仕方なく執事のレーンが

キュウリのサンドイッチ——典型的なイギリスの洗練されたお茶の時間用のサンドイッチ（ただしキュウリの厚みはエドワード朝時代に求められた薄さに達していなさそうだ）

「重々しく」説明する。「市場にキュウリがなかったのでございます。……いいえご主人様、現金払いでもだめでした」。レーンはお茶の時間のためのサンドイッチを用意した手間に重ねて、割を食うはめになった。

まずはパン選び——良質の白いパンで、きれいに切れるように焼いてから一日置いたものでなければならない。これをかならず薄切りにして（1986年刊『ロンドン・リッツホテルのアフタヌーンティーの本 *The London Ritz Book of Afternoon Tea*』によれば木の葉のように薄く）[7]、バターを塗る。ただし薄すぎると破れやすくなりバターが塗れなくなる危険があるので、切る前のパンにまずバターを塗ってから薄切りにするという作業を1枚ごとに繰り返す必要がある。最後にキュウリ――皮をむいて向こうが透けるくらいの薄さに切る――を加えなければならない。

キュウリからは――特に塩を振ると水分が出て――パンを湿らせてすべて台なしにしてしまうおそれがある。解決法はふたつだ。食べる直前にサンドイッチを作るか、キュウリの薄切りを水切りボウルに入れて塩と酢を少々振ってあらかじめ水分を出しておき、ふきんでていねいにふきとってから、パンの間に薄い層にしてしっかりとはさむのである。最後に耳を切り落とし、4つの小さな三角形か3つの小さな長方形に切り分け、磁器の皿にきれいに積み重ね、お茶の時間まで湿った布で覆っておく。

●労働者階級のサンドイッチ

こうしたサンドイッチと大衆向けの食欲を満たす肉たっぷりのサンドイッチとは似ても似つかぬものだ。

1815年の『美食家の暦 *The Epicure's Almanack*』にはセント・ジャイルズのレッド・ライオン通りにあるイヴェッツ・ハム店で売られていたハムサンドの話が出てくる。店では「ポンド単位でいくらでもハムを買うことができる。……お好みで4ポンドパン2枚にはさみ、冷たさを保つため

貧しい子供たちにサンドイッチを施す。19世紀。サットマリー家料理書コレクションより。

に2枚のキャベツの葉にくるんで持ち帰れば、節約になる」(8)。これは相当ボリュームのあるサンドイッチだった。4ポンドパンというと、1・6キロの小麦粉を使い、焼き上がりは2キロの重さになる。現代の大型パン1斤の2倍の大きさだ。また、上流階級のお茶に添えるサンドイッチとは違い、耳を残しているところにも注目したい。

1851年にはまだ、ぶあつい4ポンドパンがハムサンドに使われていたのだ。ジャーナリストのヘンリー・メイヒューは著書『ロンドン路地裏の生活誌』[ジョン・キャニング編の抜萃版は植松靖夫訳、原書房、2011年]の中で、路上でサンドイッチを売ってかろうじて生計を立てていたハムサンド売りの悲惨な境遇を描いている。ロンドンではそんなサンドイッチが年間43万6800個消費されていた。サンドイッチ売りはハムを「ケトル」つまり金属の大鍋でゆでて薄切りにし、からしを少々塗って4分の1斤のパン2枚にはさんだ。生活は苦しかった。雨の日には商売ができず、その日のうちに在庫を売り切ることができなければ稼ぎにならない。メイヒューは書いている。「売れ残れば、サンドイッチはむだになる。パンはひからび、ハムは色が悪くなる。だからこの商売に生活を頼っていた者は赤貧の暮らしだった(9)」

このような最底辺の生活では、サンドイッチの作り方をめぐって、できるだけ肉を少なくすまそうとする売り手と、値段以上の価値のあるペニーサンドイッチ（サンドイッチ半分が半ペンスで売られていた）を手に入れようとかならずハム多めを求める買い手との間で攻防戦が繰り広げられていた。

あるサンドイッチ売りはメイヒューにこう語った。自分の客――大半が商店主と事務員――は「みばがいい」、つまり見た目のよいハムを期待する。「みんなおれのサンドイッチにもっと入れろと言うんだ、こっちはハラをすかしてるってのに(10)」

イギリスの労働者階級のサンドイッチは、肉なしで、ぶあついパンに脂（肉から滴《したた》った脂で作ったヨークシャー州の「マッキー・ファット」・サンドイッチのように）かジャム少々をはさんだものが多かった。「バティ」とは名前が示すようにバターを塗った薄切りパンのことで、ドイツ語の「ブタープロート」に相当する。ギャスケル夫人が1855年刊の『北と南』［『ギャスケル全集〈4〉北と南』千尺朝日訳、大阪教育図書、2004年］でバティを登場させている（「わたしは彼にやるバティを持ち合わせていなかった」)。

今日バティの名で呼ばれることが最も多いのは「チップバティ」で、フライドポテトと白いバターつきパンで作った、心臓医が顔をしかめそうな代物だ。イングランド北部のフィッシュ・アンド・チップスの店で、魚まで買うお金のない客に売られている。元祖バティはおそらくジャム・バティ(jam butty または jam-buttie)で、少なくとも1927年から英語の記録が残っている。スコットランドでは同じものが「ジーリー・ピース」の名で通っており、グラスゴーの詩人アダム・マクノータンの詩の主題にもなっている。母親が低層アパートから通りで遊ぶ子供たちにジーリー・ピースを投げてやるという話である。

●ジャムサンド

ジャムサンドは構造物として非常によくできており、べたべたするジャムがパン同士を簡単に接着してくれる。ひとつだけ問題があるとすればジャムがパンにしみこむ可能性があることで、これは最初に水分をはじくバターの層を塗っておけば防げる。児童書の名作『ジャイアント・ジャム・サンド』[ジョン・ヴァーノン・ロード/ジャネット・バロウェイ作、安西徹雄訳、アリス館、1976年]は、架空のチクチク村の村人たちがハチを捕らえる罠にするために巨大なジャムサンドを作る話だ。

三角形の「サンドウェッジ」。現代のイギリスで最もよく売られているのはこの形だ。

この本ではジャムサンドを人類の技術の粋《すい》を集めた傑作として描き出している。

　しかしジャムサンドは多くの人から「まともな食べ物ではない」「親として料理人としての手抜きのしるしだ」とみなされてきた。ジャム・バティは、サンドイッチが栄養的に不十分なおそれがあること、貧困の指標であることの代名詞になった。ジャムサンドはほかのものを食べる余裕がないときに食べるもの（だからマークス・アンド・スペンサー［イギリス最大の小売りチェーン。衣料品、食品、雑貨などを大規模に扱う百貨店／大型スーパー」が75ペンスのジャムサンドを発売してメディアの話題になったのは2008年であり、世界金融危機真っ最中の年でもあった）だったのである。

1948年に『タイムズ』に寄せられた手紙は「一日に数ペンスを節約するために、労働者の中には職場にサンドイッチ、多くはジャムサンドを昼食に持参するようになった者がいる」と指摘している。それが「炭水化物の摂りすぎ」による深刻な「栄養失調」を引き起こすだろうと手紙の主は警告した。[11] さらに最近では、イギリスとオーストラリアのいくつかの学校が、ジャムサンドの弁当を持ってくるのを禁じる措置をとっている。

◉食品擬装の温床

しかし少なくともジャムサンドは、ほかの多くのサンドイッチと違って嘘偽りがない。具がパンに隠されているサンドイッチは食品擬装の道具にうってつけだ。薄切りパンの間には、基準に満たない材料が潜んでいてもおかしくない。2003年にイギリスの食品基準庁は、小さな商店、ガソリンスタンド、夜間営業店で売られているサンドイッチに古くなった肉を「リサイクル」する不正行為が横行していると公表した。その手口は、サンドイッチから販売期限切れの肉を抜き取って新しいパンにはさみ、新しい販売期限を表示したラベルに貼り替えるというもの。食品擬装の捜査にあたった特別チームのトップ、アンドリュー・ホプキンは「サンドイッチの販売や返品は競争が厳しく、過酷なビジネスになっており、コスト削減のために一線を越えてしまう悪質な業者が増えている」とコメントしている。[12]

1944年に栄養学者のH・D・レナーはサンドイッチの上半分を「風味を殺す、棺の蓋」になぞらえた。彼はサンドイッチを「あらかじめ目で見て予測できる具を載せたパンの、貧弱な代用品」であるとした。イギリスの社会史研究者、ジョー・モランは次にように書いている。

戦後、店で買ったサンドイッチはわが国の食事とライフスタイルの劣化を象徴するようになった。店のサンドイッチは、あらかじめ切ってある防腐剤まみれのふわふわのパンにマーガリンが塗られ、プロセスチーズかフィッシュペーストかランチョンミート［ソーセージの中身やハムに似た、食肉加工品の一種。缶詰のスパムが有名］を具にしたひどい代物であることが多かった。[13]

戦後のイギリスのサンドイッチのお粗末さは国民的なジョークになった。1948〜94年、鉄道が国有だった時代に、「イギリス国鉄のサンドイッチ」はイギリスという国の活気のなさと非効率性を象徴するものとして揶揄《やゆ》された。

2002年に30年前の文書が発掘され、イギリス国鉄のサンドイッチ業者のマニュアルの現物が明るみに出た。それは鉄道利用者がかねてから臆測していたことを裏づけるものだった。業者はできるかぎり具をけちってすませようとしていたのだ。マニュアルは具をパンの真ん中に置くよう指示していた。真ん中で切ったときに実際よりもたくさん具が入っているように見せるためだ。ランチョンミートやイワシの具の量はわずか20グラムだった[14]。

わたしたちの知るかぎり、イギリス国鉄のサンドイッチで少なくとも死者は出ていない。しかし市販のサンドイッチが食中毒に関係したケースはただならぬ多さである（その点、マークス・アンド・スペンサーは衛生に非常に気を使っており、サンドイッチ調理担当者が海外旅行に行ったときには検便を義務づけ、寄生虫を持ち帰らなかったかの確認までしていると言われている[15]）。

1998年に『伝染病学と感染症 *Epidemiology and Infection*』に発表された研究論文は「冷蔵された出来合いの食品」――主にサンドイッチ――は「食物が媒介するウイルス性胃腸炎の流行において感染源となることが最も多い」と述べている[16]。2006年の別の論文は、ほかの出来合いの食品に比べ、卵マヨネーズサンドイッチに「大腸菌、黄色ブドウ球菌、リステリア菌」が「容認しがたい」レベルで存在していたことを発見したと書いている[17]。

また、たとえ衛生上は問題なくても、サンドイッチは栄養面で非難を浴びることが多い。2008年にイギリスのテレビ局チャンネル4が行なった覆面調査報道では、チェーン店が販売しているサンドイッチの中には「ポテトチップ18袋分の塩分とビッグマックよりも80パーセント多

い飽和脂肪」が含まれていることがわかった。(18)

●理想の食事

一方、サンドイッチの擁護者は、タンパク質と炭水化物と野菜をひとつの携行食にまとめることが可能なサンドイッチの構造は、栄養的に理想の食事だと主張する。

1975年にイギリスの小麦粉諮問委員会が、精白パンのサンドイッチは栄養上すぐれているとアピールする新聞広告を出した。「栄養の専門家」、サリー・パーソネージ博士の「2枚のバターつきパン、85グラムのチーズ、一切れのトマトで作ったサンドイッチには、一皿のトマトスープとグレービーをかけた85グラムのゆでた燻製ハムに豆とゆでたジャガイモを添えた食事と同じタンパク質とビタミンがあります」という言葉を引用したものだった。(19)

サンドイッチは近年で最も有名な減量ダイエットのひとつ、「サブウェイ・ダイエット」〔「サブウェイ」は細長いサンドイッチを主力商品にするファストフードチェーン〕の主役だ。ジャレド・フォーゲルは自分が考案したサブウェイ・ダイエットで109キロ以上減量したが、その食事内容は昼食が6インチ〔約15センチ〕のターキー・サブ、夕食がフットロング〔約30センチ〕の野菜サブだった。その後彼は「サブウェイ・ガイ」としてサブウェイの広告キャンペーンに起用された。食生活がサンドイッチだけで成り立ったというフォーゲルの事例は、「サンドイッチ」が誕生してからの250年間で西洋の食習慣にどれほど浸透したかの証《あかし》である。

●サンドイッチ・グッズ

サンドイッチはサンドイッチ専用の製品を無数に生み出した。「サンドイッチ・スプレッド」のレシピができたのは19世紀にまでさかのぼる。1890年の『マンチェスター・タイムズ』の「家庭欄」には、「缶詰の鮭を缶汁を切ってフォークでつぶし、塩コショウとひとかたまりのバターを混ぜれば、おいしいサンドイッチ・スプレッドのできあがりです」と書かれている。[20] 20世紀に入ると、サンドイッチ・スプレッドのレシピはさらに増えて、白カビタイプのチーズ、こまかくした加工肉、フレーバーをつけたクリームチーズといった凝った食材も使われるようになった。

サンドイッチ・スプレッドとして市販されるものも現れた。1940年にはアンダーウッド・デビルド・ハムという香辛料入り肉のスプレッドの缶詰が「家計の厳しい新婚夫婦」向けの「お財布にやさしい」ごちそうとして、アメリカで売り出された。さらにお財布にやさしかったのは瓶入りのサンドイッチ・スプレッドで、これなどは角切りにした野菜が少しばかり入った酸味の強いマ

サンドイッチと飲み物を持ちながら片手を空けておける方法。アイデアル・ホーム・エキシビション、1963年。

ヨネーズにすぎないのだが、1930年代の大不況期には多くの家庭で常備食となった。

サンドイッチ人気からさまざまな専用器具や付属品も登場した。ヴィクトリア朝時代の銀のサンドイッチボックス、戦前のアメリカの農場労働者の錫《すず》の弁当箱、茶色いサンドイッチ用紙袋、そしてミッキーマウスから超人ハルクまであらゆるキャラクターつきのランチボックス。ホパロング・キャシディというカウボーイのキャラクターがついたアラジン社製のランチボックスは1950年の一年間で60万個売れた。1953年にアメリカのサーモス社がこれに対抗してロイ・ロジャースとデイル・エヴァンス［カウボーイ俳優・歌手と女優・歌手の夫妻］のついたランチボックスを製造し、250万個売った。(21)

一方、ホットサンドの人気も高まると、創意工夫を凝らしたサンドイッチ・トースターが続々と出てきた。最も古いトーストサンド・メーカーはおそらくオーストラリアと南アフリカのジャッフル・アイアン（別名パイ・アイアンまたはパジーパイ・アイアン）だろう。長い柄のついた鋳鉄《ちゅうてつ》製のパンをはさむ簡単な器具で、キャンプファイヤーの中に入れたり、ガスバーナーの上にかざしたりできる。

１９７４年にオーストラリアのブレビル社が昔のジャッフル・アイアンを現代風にアレンジして「スナックン・サンドイッチ・トースター」を出した。これは「切って密閉するメカニズム」のついた電気トースターで、熱々の具がトーストサンドの中にうまく密閉されるしくみになっていた。小型家電としては史上最速で売れた製品のひとつで、ブレビルが提案する料理法の一大流派ができたほどだ。

『ブレビルのトーストサンド・ブック *Breville Toasted Sandwiches Book*』（１９８２年）は１９８０年代の風変わりなサンドイッチを満載したワンダーランドだ。ピーナッツ・サプライズ、ツナ・トリーツ、チーズ・ドリームス、デビルド・マッシュルーム・ブレビルズ、アルファベット・トースティーズ……。アルファベット・トースティーズはアルファベットスパゲッティ一缶と固ゆで卵がブレビルの頼もしい器具にしっかりとはさまれてトーストの中におさまる。最近の流行はパニーニグリルで、「21世紀のベルギーワッフル焼き器になりつつある」（言葉を換えれば、しばらくはみんな夢中になって買うが熱が冷めれば食器棚の中で埃をかぶるようになるもの）という。[22]

サンドイッチ作り。イタリアでポルケッタ［イタリアのローストポーク］サンドを作っているところ、1957年。

◉パンの変貌

しかしサンドイッチに影響を受けた最も重要な技術は、調理器具ではなく製パン法そのものだった。パンは次第にサンドイッチ作りに向くように変化し、よりやわらかく、軽く、直線的な形になり、栄養価は低くなっていった。

早くも1851年に「サンドイッチ用パン」が販売されている。エジンバラのJ・W・マッキーは自社の「ロイヤル・サンドイッチ・ローフ」を「ヴィクトリア女王御用達《ごようたし》」と宣伝した。「軽くて甘く、風味が良いのが自慢です[23]」。これをきっかけに、パンの製法に次々と革命が起こり、パンの味と質は落ちたが大規模なサンドイッチ作りが可能になっていった、とアンドリュー・F・スミスは書いている。

福音派の牧師で禁酒運動を推進したシルヴェスター・グラハム（1794～1851）は早くも1830年代に、今風のやわらかいパンは栄養価の高い胚芽を取り除いた精白小麦でできていると嘆いた。1892年に新型のパン成形および型詰め機によって1時間で3600斤のパンが焼けるようになった。パン製造用連続コンベアベルト（1895年に発明）によってパンはさらに早く製造できるようになった。そして1920年代にグスタフ・パペンディックが機械でパンをスライスし、包装する方法を発明した。イギリスでは1961年に、スライスパンの製造はチョリーウッド法に移行し、改良剤と硬化油脂の力でパンは驚異的なスピードで製造できるようになった。
サンドイッチ用パンがやわらかくなっていった進化の最終段階が酵素の添加である。法の抜け穴のおかげで、これはラベル表示が免除されている。酵素は加工助剤と分類されているからだ[24]。市販されているほとんどのサンドイッチは「低温流通チェーン」に長時間置かれる。通常の環境ではパンが乾燥しきってしまうはずだが、メーカーは「助剤として、また弾力性を保つため」にパンに酵素を添加して製造する。その結果、サンドイッチにおいて皮のパリパリ感というパンの基本があらためて受難に遭うことになった。

　そしてサンドイッチ用パンはアメリカのスマッカーズ社が売り出した「アンクラスタブル」という、耳を落としたピーナツバターとジャムの冷凍サンドイッチという最高峰（見方によっては最底辺）に到達したのである。

　やわらかいパンのサンドイッチの典型が、マークス・アンド・スペンサーがイギリスでの草分けとして売り出した「サンドウェッジ」である。１９２０年代にスライスパンが発明されて以来、スライスパンのサンドイッチは家庭で作られ、カフェや鉄道の駅やパブで（アメリカでは大衆食堂《ダイナー》で）販売されてきた。しかしマークス・アンド・スペンサーがスライスパンのサンドイッチの製造を始めたのはようやく１９７９年からで、対角線で斜めに切って専用の三角形の箱に入れて販売した。当初は4種類の味しかなかったが、現在は70種類以上ある。

1979年当時、わたしは4歳だったが、父がお茶の時間にみんなで食べようとマークス・アンド・スペンサーのクリームチーズとセロリのサンドイッチを買ってきてくれたときの、おなかの底からこみあげるような興奮はいまだに忘れられない。わたしたちは三角形のサンドイッチをさらに小さな三角形に切り分け、一口ごとに味わって食べた。なんというぜいたく！　マークス・アンド・スペンサーのサンドイッチはエドワード朝時代のアフタヌーンティーという特権を大衆化した。それはまるでわが家に執事がいるようなものだったのだ。

マークス・アンド・スペンサーのサンドイッチが大ヒットすると、そのぜいたく感はやがて薄れていった。1991年に、宝石店のジェラルド・ラトナーが自社で販売しているイヤリングのいくつかは「M&Sのエビサンドより安い。寿命はエビサンドよりさらに短いが」と冗談を飛ばした失言で有名になった。この発言の背景には、マークス・アンド・スペンサーのエビサンド――エビに対してマヨネーズの量が多く、シェフのサイモン・ホプキンソンが「いつも寸分たがわぬベットリさ加減」と評した――は原価が安いはずという前提があった。1992年にはマークス・アンド・スペンサーのロンドン市内ムアゲート支店は年間300万個のサンドイッチを売り上げるようになっていたが、具はチキンティッカ［タンドリーチキンの骨のないもの］、ベーコンとアボカド、ウェンズリーデール［チーズ］とチャツネなどだった。

マークス・アンド・スペンサーにはまもなく「サンドウウェッジ」市場のライバルが現れた。ダックとオレンジなど変わった風味のサンドイッチやダイエットサンドを販売したドラッグストアのブーツ、店内で作りたてのサンドイッチを出すのを売りにしたプレタマンジェだ。プレタマンジェはサンドウェッジの基本の形に手を加えて半分の薄さのサンドイッチ（「スリムプレット」）を提供したり、あたかもあらゆる食べ物がサンドイッチの仲間だといわんばかりに、数年間はサラダまで「パン抜きサンドイッチ」の分類に入れたりした。

プレタマンジェは具も特別感をアピールしている（客層も特別だと匂わせて）。たとえば「天然のザリガニとルッコラ」に「賞を受賞したアボカドとハーブのサラダラップ」。ベーコンは「ブナチップで燻製に」しているし、サーモンニソワーズは「サステイナブル」だ（プレタマンジェは現在、ツナ「マグロ」に対する自社の方針を検討中で、いずれ販売を中止するかもしれない）。

●進化は本物か

ロンドンで路上販売されていたサンドイッチの具がハムだけだった1850年代に比べると、世の中に出回っているサンドイッチの具の種類は格段に増えた。しかし、選択の自由という幻想でごまかされているだけで、市販のサンドイッチは基本的に同じである。一般的なサンドウェッジはどれだけ奇をてらっても、中身はあいもかわらず水分が多く貧弱で、若干のがっかり感を与えるものばかりだ。

かつてはぜいたくの象徴だったマヨネーズ——1890年のロブスターサンドのレシピには、ロブスターの身に塗るマヨネーズ用に「最高級のルッカ産オリーブオイルたっぷり一パイント［570ミリリットル］」が入っている——はコスト削減の手段のひとつとなり、低品質の象徴になりさがった。マヨネーズベースの具の業界標準はマヨネーズ対ツナ、マヨネーズ対チキンの比率が半々で、そのためにすでに湿り気の多いふわふわのパンがいっそう湿ってしまう。堅い耳つきパンは大衆が、耳を切り落としたパンは上流階級が食べていた19世紀とは事情がすっかり逆転した。

今では最も高価で値打ちのあるサンドイッチは、チェーンではない独立したデリカテッセンやカフェが、皮の堅い職人の手焼きのパンに生ハムと天然ルッコラや、水牛のモッツァレラチーズにフェンネル入りサラミといった食べごたえのある具をはさんで作るものだ。

●食料廃棄問題

堅いパンの耳を嫌う風潮はさらに、大量の食料廃棄という残念な副産物ももたらした。

1933年に『新しいサンドイッチ *Something New in Sandwiches*』の著者、M・レディントン・ホワイトが廃棄問題の改善に節約面からの関心を注いでいる。「具を入れる前に耳を落とせ」とい

2009年度ブリティッシュ・サンドイッチ・メーカー・オブ・ザ・イヤーに輝いたトーマス・アレンと彼の作品。

サンドイッチ作りで余ったパンの耳

うのが彼の提案だった。「そうすれば、落とした耳がほかの用途に使える」。たとえばブレッドソース、サマープディング、ミートローフなどだ。[25] 現代のサンドウェッジから切り落とした耳がそこまで活用されることは少ない。

2009年にトリストラム・スチュアートは著書『世界の食料ムダ捨て事情』［中村友訳、日本放送出版協会、2010年］で、マークス・アンド・スペンサーの「見た目にこだわったばかばかしいほど厳格なルールのせいで、ある大手サンドイッチ卸業者は使用するパン一斤のうち、最初と最後の一切れは廃棄せざるをえない。これは一斤につき約17パーセントにあたり、一日に一工場から1万3000枚のパンが廃棄されている」と述べている。[26] サンドイッチ店で一日の終わりにまだ十分に食べられるサンドイッチを大量に廃棄しているのが社会問題になっているが、それ以前にこのありさまなのだ。

すべての食品が廃棄問題を抱えているが、特にサンドイッチは消費期限が短いため深刻である。一日たったサンドイッチは一般的に売ることができない。業界向けに書かれた本の中で、サンドイッチバーを経営するスティーブン・ミラーが、個人経営のカフェのオーナーがサンドイッチの廃棄量を最小限に抑えるコツを伝授している。残ったサンドイッチを子供の弁当にする、「即興のサンドイッチパーティー」に友人たちを招待する、地元のホームレス支援団体と提携して残ったサンドイッチを寄付する、もし何をしても残ってしまったら、最後に余ったパン耳を口実に散歩に出かけて鳥にやる。「丸めたパンを投げてカモメに空中でキャッチさせるのは無上の楽しみだ！」[27]

◉凝りまくる造形

廃棄問題はさておき、サンドイッチは実に懐の深い造形である。

アメリカン・クラブサンドイッチやトリプルデッカー・ダグウッド・サンドイッチのように垂直に積み上げることもできる。かと思えば、１９７０年にニューヨークのシェフ集団が作った新記録のサンドイッチのように水平に伸ばすこともできる。このサンドイッチは長さ３２２・73メー

超特大のサンドイッチ。1978年。

トル（およそ5分の1マイル）、具にはレバーソーセージ36キロ、ハム45キロ、サラミとボローニャソーセージ各18キロ、トマトのスライス5000枚が使われていた。

反対に、日本で流行っているかわいい動物の形に型抜きした子供向けのサンドイッチのように、小さくして形に凝ることもできる。四角いサンドイッチをケーキスタンドに積んでもよいし、「チェス盤」風に茶と白の格子模様に並べてもよい。筒型にすることもできる。パンの中に具を巻き込むロールサンド（そこから派生したのがピンホイール）は、早くも19世紀後半に誕生している。

サンドイッチの造形の変種としては、ほかに一斤まるごとをくりぬいて器に使ったものがある。たとえば、ニース名物の「パン・バーニャ」（耳つきのパン一斤にアンチョビまたはツナ、トマト、オリーブを詰めた

ニューオーリンズ名物のマファレッタ。パンをまるごと一斤くりぬいて具を詰めた、サンドイッチの仲間。写真のものは塩漬け肉とオリーブサラダ入り。

もの）、ニューオーリンズ名物のマファレッタ（大きなシチリアパン一斤に、セロリとカリフラワーとカピコーラ［ハムの一種］、サラミ、モルタデッラ［ソーセージの一種］、エメンタールチーズとプロボローネチーズを入れて作った特製のオリーブサラダを層にして詰めたもの）、「ブックメーカーズ・サンドイッチ」（ヴィエナローフ［斜めに切り込みを入れた長円形のパン］に冷たいステーキとマスタードを入れた巨大なもので、アイルランド人が競馬場で食べる）、「シューターズ・サンドイッチ」（ヒレステーキまるごと1枚とマッシュルームに塩コショウしてくりぬいた長いパン一斤に入れ、まな板2枚の間にはさんで一晩おき、肉汁をパンにしみ込ませたもの）がある。

フードライターのティム・ヘイワードはキャ

ラメリゼしたエシャロットに「ブランデー一杯とウスターソース少々」をステーキに加えるのが好きだという。ヘイワードいわく、シューターズ・サンドイッチは「エドワード朝時代の料理のチャンピオン」である。[28]中でも変わり種は20世紀半ばのアメリカの「サンドイッチローフ」で、まるごと一斤のパンを何枚も横にスライスしてから具（ツナマヨネーズか加工チーズのスプレッド「チーズウィズ」）を詰め、周りにケーキのようにクリームチーズを塗ったもの。郊外ではこれをスライスしてフォークで食べる。

こうしたとてつもない創作物は、単純に手で食べられるものをという伯爵の要望からサンドイッチがいかに遠くまで来たかを見せつける実例である。いまや多くのサンドイッチが手にも口にもおさまりきれないほど大きくなっている。食べるにはわざわざ分解しなければならない。フードライターのアラン・デヴィッドソンがかつて書いたように、これでは本末転倒とはいえまいか。

第3章◉サンドイッチの社会学

「あの行員たちはなんでサンドイッジを食ってるんだい？」父親のほうのウェラー氏が息子のサムにたずねた。ふたりはそろってイングランド銀行の遺言部門に出かけたところだった。「そりゃ仕事なんじゃないの」サムは答えた。「あれも業務のうちなのさ。だってあの人たち、一日じゅう、ここでサンドイッジ食ってるもの」

——チャールズ・ディケンズ『ピクウィック・ペーパーズ』（１８３７年）

サンドイッチはこれまでずっと、貧しい食事でもありぜいたくな食事でもあり、おまけに中間層の食事でもあったという不思議な食べ物だ。かつては農民の食事だったものが高級化したピザとも、かつてはエリート階級の食べ物だったものが大衆化したローストチキンとも違い、サンドイッチはずっと社会のあらゆる階層と年齢層のものだった。その名がイギリス英語の語彙に加わった最初期から、「サンドイッチ」はあらゆる職業の人に——職を持たない人にも——ナイフとフォークを使う正餐以外の無数の場面で食べられてきた。

ジョージ3世一家を間近で見ていた人物が1789年に、国王一家はどこへ行くにもサンドイッチを「かならず持ち歩いて」いたと記し、国王夫妻が船上でサンドイッチを食べる様子を描写している。(1) また、1813年に『ヨーロピアン・マガジン』が、皇太子妃がサンドイッチを注文したことを書いている。(2) しかし同時に、サンドイッチはイギリスの最下層の国民が食べる、ボリュームたっぷりの居酒屋料理でもあった。

●上流階級――ちょっとしたぜいたく

誰がどこで食べるかによってサンドイッチはその姿を大きく変える。

上流階級の間では、1762年のギボンの日記にあるように、サンドイッチはそれだけでも、ほかのちょっとした食べ物と一緒にとっても、上品な夕食だった。1773年に「各種メニュー」の本の中で、教育家のシャーロット・メーソンはサンドイッチをいかにも凝った響きの料理の部に入れている。小さなチキンふたつ、フリカッセ、カニ、砂糖菓子、チーズケーキ、シギ、チョコレートのフローティングアイランド、羊肉のフライ、タルトレット、砂糖菓子、小さなウサギ、そして最後にサンドイッチという構成だ。(3)

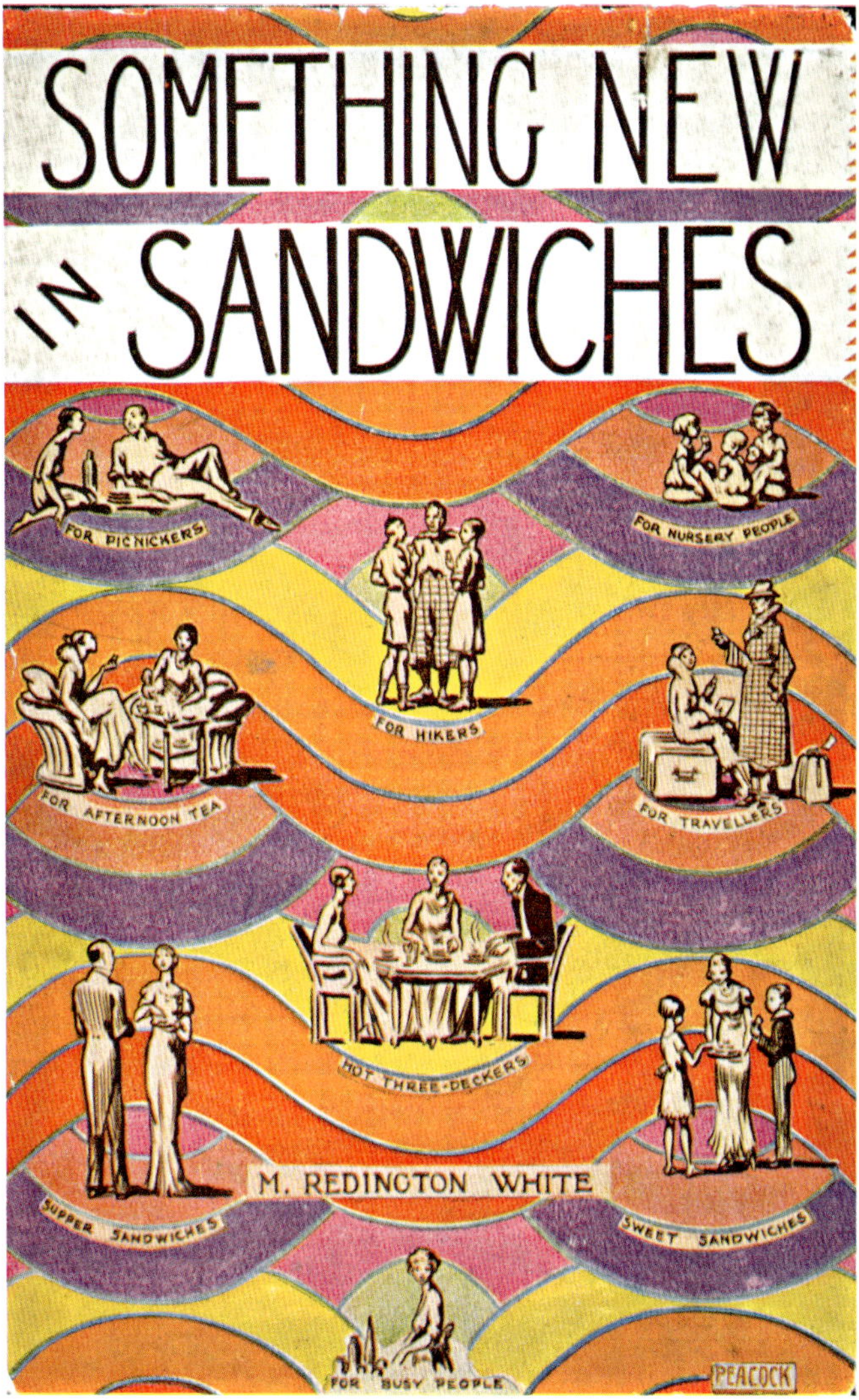

M・レディントン・ホワイト著『新しいサンドイッチ』（1933年）の表紙。さまざまなタイプの人々がサンドイッチを食べる様子を描いている。

ロンドンのレーンズボロホテルのアフタヌーンティー。フィンガーサンドイッチの立派な伝統を今に引き継いでいる。

このような優雅な世界では、サンドイッチは軽い夕食という以上の存在で、寝る前につまむちょっとしたごちそうになることもあった。1797年にヘンリー・ジェームズ・パイ〔(イギリス王家が称号を与えた)桂冠詩人〕が「時間はずれの夕食がわりに、盆に載ったサンドイッチとワインが回されてきた」と書いている。[4] 同様に、1793年の小説『ルイザ・マシューズ *Louisa Matthews*』には、「夕食時」に女性たちが「ごく軽いサラダとサンドイッチ」を食べる話が出てくる。[5]

サンドイッチは夕食時に出されるほか、朝食と昼食のあいだのいわゆる「イレブンジズ」にも供された。1802年の『タイムズ』は、ある農夫の娘が「エセックス

貧しい人々の食事としてのサンドイッチ。「ホームレス食事配給会」シンシナティ、1910～1915年。

州のある上流家庭」を訪問し、「午前中の訪問だったため、サンドイッチが出された」というエピソードを紹介している。(6) このような上流家庭では、サンドイッチは正規の食事を補うちょっとしたぜいたくだった。

◉労働者階級――詰め込むもの

対照的に、労働者階級にとってサンドイッチ――肉かチーズをはさんだパンのかたまり――は食事そのもので、食べられれば運がよかった。ディケンズの『リトル・ドリット』（１８５７年）では「グラス一杯のシェリー酒にありあわせの冷肉をはさんだ質素なサンドイッチがうれしい昼」が語られている。(7) ディケンズは『ピクウィック・ペーパーズ』（１８３７年）でも、登場人物のひとりに、客車操車場のアーチが低いことを嘆いて、長身の女性が食べていたサンドイッチについての空想話を語らせている。

おっかない場所だよ――危険だね――こないださ――5人の子供を連れたお母さんが――背の高い人でね、サンドイッチを食べてた――アーチのことを忘れて――ぶつかってね――ゴン！――子供たちが振り返ったらさ――おっかさんの首がないのさ――サンドイッチを手に持ったままね――それを食べる口はもうない――家族の首がとんだんだよ――くわばら、くわばら。

コメディではあるが、ここからサンドイッチが歩きながら食べるストリートフード、ぼんやりと考えごとをしながら口に運んだり、時間のあいまをみて詰め込んだりする食べ物であることが生き生きと伝わってくる。

●サンドイッチと鉄道

サンドイッチは旅のお供でもあった。1789年に食料品店のジョン・バージェスが、自社の最高級の「ゴルゴナ産アンチョビを……サンドイッチ作りに」と「田園にお出かけのご家族」に勧

旅のお供としてのサンドイッチ。カナダ航空のスチュワーデスが「カクテル・サンドイッチ」のおいしそうなトレーを差し出している。

めた。サンドイッチは旅の途中、あるいは目的地に着いた時間が夕食には遅すぎるというときに、旅人が食べるものだった。シャーロット・ブロンテの小説『ジェーン・エア』でヒロインが長旅の末にソーンフィールド邸（ロチェスター氏の屋敷）に着いたとき、フェアファックス夫人は女中のリアに「ホットワインを作って、それからサンドイッチを一切れ二切れ切っておいで」と言いつけている。

イギリスでもアメリカでも、サンドイッチはできたばかりの鉄道と密接な関係があった。「鉄道の黎明期には、サンドイッチが理想のファストフードで、それは特に乗客が降りて軽食を買う鉄道駅で売ることができたからであった」と『食物と文化の百科事典 *Encyclopedia of Food and Culture*』（2003年）に書かれている。

独占市場とあって駅のサンドイッチはかならずしもおいしいとはいえなかった。1883年の『タイムズ』に投稿された手紙は、スウィンドン駅に新しくできた軽食堂が「古くなったサンドイッチとバンベリーケーキをひとつ6ペニーもとって」出している、と苦情を訴えている。[8] 第一次世界大戦中は任務で移動中の兵士に鉄道駅で無料のサンドイッチを提供するしきたりもあった。誰もが切実に飢えていた時代、無料の食事の配給には苦情も出たようだ。1918年2月5日にメイ・リンベリックという人物がやむにやまれなかったのだろう、『タイムズ』にこのしきたりを擁護する手紙を投稿している。

第一次世界大戦中、元気回復のためサンドイッチを手渡される負傷兵。

配給を受けるのは全員本物の乗客で、配給をもらう前に通行証か切符の提示を義務づけられています。(サンドイッチは)パンに缶詰の肉をこまかく刻んでジャガイモと合わせた具を薄く塗ったもの。このミートサンドイッチは昼の12時から2時のあいだと、6時以降にだけ出ます。ひとりにつきひとつだけもらえますが、海外に送られる人たちは……頼めばあとひとつもらえます。(9)

最後の部分はとりわけやるせない。リンベリックはこうした兵士の多くが「負傷して担架に乗せられた人たち」で、「もてなしにおおいに元気づけられた」と結んでいる。

◉サンドイッチと劇場

戦時中であれ平和な時代であれ、サンドイッチは正規の食事時間のあいまを埋めるのにちょうどよい食べ物だった。サンドイッチは劇場と昔から縁が深く、役者と観客双方にとって、出し物の前後に夕食をいかに確保するかという問題を解決してくれた。1788年5月15日に、劇作家のリチャード・シェリダン夫妻とデヴォンシャー公爵夫人をまじえた観劇グループが、芝居がはねた後に「牛肉、サンドイッチ、ポーター［ビール］など」の軽い夕食をとった[10]。同じ年、ロンドンのワーグレーブ劇場のある観客は、芝居と笑劇の幕間《まくあい》に「ケーキ、サンドイッチ、ワインなどなど」をとっている[11]。

1851年にヘンリー・メイヒューがインタビューしたハムサンド売りたちは劇場を大事な稼ぎの場としていて、「アシュレーズ、サリー、ヴィク」や「リンピック」や「デルフィ」（オリンピック劇場とアデルフィ劇場のこと）で商品を売っていた。

ハムサンド売りは商品のサンドイッチをお盆か平たいバスケットに載せ、清潔な白い布をかけて運ぶ。本人も白いシャツと白いエプロンを身に着ける。商売の場は劇場の扉の前だ[12]。

サンドイッチ売りのひとりがメイヒューに、明け方の4時まで外にいて、劇場や「終夜営業の居酒屋」からどっと出てくる人々にサンドイッチを売った話をしている。酔客に乱暴されることもよくあった。「酔っ払いにひっくり返されたことが6回もあったよ、あれは絶対にわざとだね、商品は全部おじゃんさ」

しかし客の側からすると、サンドイッチが簡単に手に入るのはおおいにありがたかった。腹具合を気にせずに夜の娯楽を最後まで楽しめたからだ。またディケンズを引用するが、『逍遥の旅人』［田辺洋子訳、溪水社、2013年］は、芝居上演の前、最中、後と劇場の夜の各シーンでサンドイッチがいかに彩りを添えたかを教えてくれる。

上演のあいまに……わたしたちは劇場に設けられたバーでサンドイッチとジンジャービールをとった。サンドイッチは——ボリュームがありつつも持ち歩きやすいようになっており、値段も極力おさえられている——人類の偉大な創造のひとつだ、とわたしたちは称賛した。出し物の節目ごとにわたしたちのもとにやってきたが、いつ見てもうれしい。サンドイッチは驚くほどわたしたちのその時々の気分に寄り添ってくれる。サンドイッチの上にこぼす涙ほど気持ちのよいものはないし、サンドイッチにむせながらの笑いほど屈託ないものはない。長靴を履いた悪漢が花模様の更紗をまとった無垢な娘と縞《しま》のストッキングの勤勉な正直者の仲を裂く物語の結末はどうなるのかと、サンドイッチ片手にかたずをのむとき、善はあくまで美しく、悪はどこまでも醜く見える。幕が下りてからもまだ、わたしたちはサンドイッチに頼っている。雨とぬかるみの中、家に寝に帰るまでおなかをもたせてくれるのだ。

サンドイッチのおかげで気軽に楽しめるようになったレジャー活動は観劇以外にもたくさんある。サンドイッチは選手が食べるものとして、また観客が食べるものとしてスポーツイベントに持ち込まれた。１８０４年にロンドン対グレーヴセンドの６名乗りボート競技が行なわれた。それぞれのボートの乗組員は「冷たい家禽《かきん》［家畜として飼育されている鳥のこと。ニワトリのほか、ガチョウ、アヒル、七面鳥など］のサンドイッチと、瓶入りのブランデーの水割りを支給された」と『タイムズ』は報じている。(13) サンドイッチはその発祥の伝説にふさわしく、ギャンブルにつきものの食べ物でもあった。賭博場は客が少しでも長居をしてお金を落としてくれるように、無料でサンドイッチを提供することが多かった。(14)

●サンドイッチとピクニック

もっと健全なところでは、サンドイッチは昔も今もすぐれてピクニック向きの食べ物だ。湿らせ

サンドイッチを楽しんでご機嫌なピクニック客

たふきん、後にはワックスペーパーか耐油紙にくるんで蓋つきの籠《かご》か箱かバスケットに入れれば、遠足の準備は整う。1880年代にはもう「サンドイッチケース」と「ピクニックケース」は同じ意味で使われていた[15]。

サンドイッチは川のほとりで開催される田園の邸宅の豪勢なピクニック（サンドイッチにサラダ、冷たいハム、ケーキがつく）から、日帰り客の簡素なありあわせの食事まで、どんなピクニックでも楽しまれた。1882年にある日帰り行楽客は、ロンドンのクリスタル・パレスを訪れる人々は「28年ほど前からサンドイッチを持参していた」と述べている（パレスの入場客に飲食物持ち込みを禁じる通告への抗議として）[16]。1920年代になると、サンドイッチはハイキングブームにも顔を出すようになる。1929年にフローレンス・A・カウルズは「特にハイキングやピクニックにお勧め」とベーコンサンドイッチを推奨した。

サンドイッチとピクニック――ふたつは同義語と言ってよい。『おいしいサンドイッチとピクニック料理 *Good Sandwiches and Picnic Dishes*』(1948年)の中でアンブローズ・ヒースは「ピクニックといえばたいていまず思い浮かぶのはサンドイッチである」と書いている。ヒースは砂浜でのピクニックの、ピクニックバスケットに砂が入り込んで「砂まじりになるのがオツなサンドイッチ」をほめあげている。

同時代のエニード・ブライトンの子供向け小説シリーズ『フェイマス・ファイブ *Famous Five*』には屋外でサンドイッチを食べる楽しさをあますところなく描き出している。「アン、サンドイッチをこっちに回してよ、トマトのやつを、ね!」。タイトルにもなっている「5人《ファイブ》」は「卵とイワシのサンドイッチ、トマトとレタス、ハム――いくら食べてもなくならないように見えた!」を食べる。

フェイマス・ファイブ・シリーズの一冊『秘密の小道 *Five on a Secret Trail*』では、子供たちの叔母さんが冒険に持って行くようにと「何十個ものサンドイッチを切り分けて」くれる。「この缶に入れておけばサンドイッチは固くならないって叔母さんは言っていたわよ」と5人の中でいちばん家庭的なアンが言う。「5人は日なたにすわってハムサンドを食べました。アンはトマトも持ってきていたので、5人はサンドイッチを一口食べては、トマトを一口かじりました」。なんという至福。

◉サンドイッチと子供

作者のエニード・ブライトンも知っていたように、サンドイッチはとりわけ子供と関わりが深い。学校に毎日お弁当を持って行く子であれば年に２００個のサンドイッチは軽く食べてしまうし、夕食にすることもあるなら数はそれ以上になる。

アンドリュー・Ｆ・スミスは、１９２０年代の薄切りパンの発明によって子供とサンドイッチの関わりは決定的になったと言う。刃物を扱う心配なしに自分でサンドイッチを作れるようになったからだ。それは間違いない。ただしサンドイッチはパンのスライス機の発明よりもはるか以前か

幼児の弁当箱ランチ

ら子供向けの食べ物と考えられてきた。「あなたのお子さんは学校にお弁当を持っていきますか?」1898年4月6日付の『ニューヨーク・アメリカン』が問いかけている。「もしそうなら、ランチョンバスケットにクラブサンドイッチを用意してあげてください」[17]

1880年の『マンチェスター・タイムズ』の「家庭欄」では「子供のための夜のパーティー」にサンドイッチを勧めている。「こまかくみじん切りにした牛タンかクレソンですてきなサンドイッチが作れます」。同様に、1903年の『ペニー・イラストレーテッド・ニュースペーパー』の「女性の世界」コラムでも、子供のパーティーに「サンドイッチを出しましょう——ただしキュウリやクレソンは使わないで。小さい子は苦手です」とアドバイスしている。この見解はわたしの経験からはまったく当たっていないのだが(苦手の度合いは大人とせいぜい同じくらいである)、今日まで主流を占めている。

2009年にサンドイッチチェーンのプレタマンジェが「キッズサンド」シリーズを発売した。大人向けと同じメニューだが青い野菜を抜いてある。「キッズ・フリーレンジエッグ〔放し飼い鶏の卵〕&マヨ」(クレソン抜き)、「キッズ・ポール&ライン・コート・ツナ〔一本釣りカツオ〕」(キュウリ抜き)といった具合だ。

子供が特に好きな具というのはたしかにある。たとえば、アメリカのピーナツバターとジャム、あまりほめられたものではないがごちそうとしてイギリスの家庭で時々作る、砂糖かスプリンクル

ベンチでサンドイッチを食べるアメリカ女性。マンハッタン。

［カップケーキなどのデコレーションとしてかけるカラフルな粒状の砂糖］のサンドイッチ（オーストラリアではフェアリーブレッドと呼ばれているが、上に載せるだけでサンドイッチにはなっていない）などだ。

◉サンドイッチと仕事

しかしまったく逆に、サンドイッチは実に大人ならではの、どちらかといえば味気ない食事にもなる。それも遊んでいるときではなく仕事中の食事だ。海軍本部のデスクで激務に追われていた第4代伯爵以来、仕事の世界にこれほど縁の深い食べ物はほかにない。サンドイッチはイギリス議会制度のエネルギー源となってきた。イギリス国政の現場のすぐれた観察者だったジョゼフ・ピアソンは、庶民院でサンドイッチが果たした役割を1793年に書いている。

11時から翌朝の6時まで、傍聴席にすわる人々を空腹から救った——ただし注意。ベラミーはサンドイッチに1シリングとるが、原価は2ペンスもしない［1シリング＝12ペンス］。前に一度彼からサンドイッチをもらったが、夫人に代金を要求された。(18)

議員たちもサンドイッチを食べていた。議会のあいまにあわただしく食べるのである。1852年の『タイムズ』は議員たちの食事問題を憂慮している。議員たちが友人との会食やクラブでの夕食につい長居し、大事な投票に間に合わなくなるのは望ましくない。とはいいながらも、「議員の皆さんにはしっかり食事をとっていただきたい」「ポケットにジャーマンソーセージ一本とかハムサンド一箱」を議会に持ち込み、「自分の席で早食いせざるをえないようなことがないようお願いしたい。いくらお国のためといっても限度がある(19)」

サンドイッチは法廷でも重要な役割を果たした。19世紀のロンドンで行なわれた裁判の法廷速記録には、長時間にわたる審議のあいだに陪審員が疲れたり、空腹になったり、気分が悪くなったりしてしまい、サンドイッチとワインまたはシェリー酒で元気を取り戻したケースがいくつか記録されている。[20]

サンドイッチは現代の裁判や弁護士たちにとってもエネルギー源となっている。ロースクールでの長時間の勉強から、さらに長時間におよぶ法律事務所での実務まで、サンドイッチのおかげで弁護士たちは勉強や仕事への集中力を途切れさせずにいられるのだ。

出どころはわからないが、常にサンドイッチを手放せない弁護士についてのこんなジョークがある。ふたりの弁護士がバーに入って飲み物を注文する。そしておもむろにブリーフケースを開けてサンドイッチを取り出す。バーテンダーが怒って注意する。「ご自分で持ち込んだサンドイッチを店内で食べないでください！」するとふたりは肩をすくめ、互いのサンドイッチを交換する。

これはサンドイッチがいかに仕事と切り離せないかを示すジョークだ。余暇に食べるサンドイッチはどちらかといえば女性的なニュアンスがある。たとえばアフタヌーンティーは女性らしい慣習だ。それとは対照的に、登場したころのサンドイッチバーは男性的といえた。働く男性たちを客にしていたからだ。

ペリラ・キンチン によれば（アールヌーボーの建築家、マッキントッシュについての本の中で）1880年代のグラスゴーでは、こうしたバーが「男性のニーズに合わせて」発展したという。労働が長時間化しつつあった男性の食事のニーズに応えて19世紀半ばにオープンしたグラスゴーの「ラングス」では、男性ばかりの客たちは、ミルク、エール、ウイスキー、そして厖大《ぼうだい》な種類のサンドイッチとパイとペストリーを好きなだけとることができた。支払いは自己申告制で、第二次世界大戦までうまく機能していた。客は帽子をかぶったまま立ちっ放しで、まるで昼休みを本当にはとっていないことを示すかのようだった。[21]

職場は大きく様変わりし、帽子も、男性ばかりのオフィスも、昼間のウイスキーもすべて時代遅れとなったが、昼に休みらしい休みをとらないのは今も同じだ。社会史家のジョー・モランによれば、今のイギリスでは10人中7人の労働者が「デスクで食事をし、コンピューターの前で昼食を食べる時間は平均3・5分」だという。これが現実に意味するところは、ほとんどの人がとにかく急いでサンドイッチを詰め込んでいるということだ。最もベーシックなサラダでさえ食べるには3・5分以上かかる。時々フォークを下に置いたり、扱いにくいレタスの葉っぱを切るために時間をかけたりしなければならないかもしれない。しかしサンドイッチなら直接、しかもあっという間に食べられる。

第4章◉アメリカのサンドイッチ

サンドイッチは手のかかったものだ
トースト、ベーコン、トースト、チキン、トースト
——チャールズ・レズニコフ『リズムII Rhythms II』（1919年）

◉垂直に伸びる構築物

アメリカはサンドイッチを別の何か——客観主義派の詩人、チャールズ・レズニコフの言葉によればまさしく「手のかかったもの」——に仕立て上げた。その構造は、摩天楼のように野心的に気前よく垂直に伸びている。「トースト、ベーコン、トースト、チキン、トースト」。フローレンス・カウルズが『サンドイッチ700種 *Seven Hundred Sandwiches*』（1929年）に書いているように、むずかしいのは「今にも崩れそう」にならずに層を積み上げることだった。

ハンナ・バーベラ制作のアニメ『スクービー・ドゥー』で食べられている何層にもなったサンドイッチ。

イギリスでは、これまで見てきたように、最も手のかかっている戦前の上流階級のサンドイッチは、一口でまるごと食べられることを意図した非常に小さなものだった。対照的に、1890年代以降、アメリカ人の手のかけ方は、サンドイッチを第4代伯爵の元祖ビーフサンドイッチよりもはるかに大きくて情熱的な構築物に向かわせた。仕事中に食べるサンドイッチでさえ、できるだけ早く食べるという目的にかなった禁欲的な手段ではもはやない——サンドイッチそのものが壮大で貪欲な目的となっているのだ。

2枚のパンは3枚、4枚と数が増えていった。イギリスでは味気ないことが多い具を詰めたロールパンは、横に長いホーギーやトルピード・サンドイッチやサブマリン・サンドイッチに変貌した。そしてアメリカのサンドイッチは名前をつけることで個性化していった。ルーベン・サンドイッチ、BLTサンドイッチ、エルヴィス・スペシャル、モンテ・クリスト……。

19世紀半ばの元祖アメリカン・サンドイッチは、大西洋の向こう側で食べられていたものにおそらくかなり似ていただろう。アメリカの料理書には早くも1816年にサンドイッチのレシピが登場している。1840年にイライザ・レスリーが提案したハムサンドのレシピは、ロンドン社交界でも場違いには見えなかったはずだ。

パンを数枚、きれいに薄切りにし、薄くバターを塗ります。お好みでごく少量のマスタードを塗ってもよいでしょう。ゆでて冷やしたハムのごく薄いスライスを用意し、2枚のパンの間にはさみます。巻いてもよいですし、お皿の上に平らに載せてもかまいません。夕食にも昼食にもなります。(1)

1866年にクローウェン夫人も「冷肉の薄切り」で作ったシンプルな「バターつきパンのサンドイッチ」について書いているし、1869年にパトナム夫人が「ごくごく薄切りにした」ハムか牛タンを「良質のバター」を塗った薄切りのパンの上に「平らに」載せることを提案している。(2)

彼女は「端を切り落とし、サンドイッチの大きさを一定にする」ようアドバイスしている。こうした飾り気のないプレーンな小型のサンドイッチは、同時代のイギリスのサンドイッチと完全に一致している。

しかし19世紀末までには、アメリカの高級サンドイッチはイギリスのそれとは趣《おもむき》を異《こと》にしていく。具はマヨネーズで飾り立てられた。そしてサンドイッチはハムサンドイッチ、チーズサンドイッチなど単なる中身で名前がつくものではなくなった。おそらくその始まりは「クラブサンドイッチ」だろうが、アメリカのサンドイッチは気取った名前がつくようになったころから立派になっていった。

●クラブサンドイッチ

クラブサンドイッチの正確な起源はわかっていない。１８９４年にニューヨークのカジノ「サラトガ・クラブ」の厨房で作られたのが最初だという説もあれば、１８９５年にアメリカの鉄道のクラブカー［バーカウンターやソファを備えた特別車両］に端を発するという説もある。家庭で生まれたとする説もある。

クラブサンドイッチがまだ目新しかった１９１６年に、マリオン・H・ニールがクラブサンドイッチ誕生の言い伝えを紹介している。ある男が「家族も使用人も寝静まった」夜にクラブから帰宅し

ウェイン・ティーボが描いたクラブサンドイッチ

て、食べるものはないかと食料棚をあさった。見つかったのはバター、マヨネーズ、トマト、コールドチキン、火を通したベーコンの冷えたものなどの残り物。それを2枚のトーストの間にはさんだのだという[3]。要するにこの説明によれば、クラブサンドイッチとはジェーン・スターンとマイケル・スターンが「昔からよくある、冷蔵庫にあるものを白パンに載せたやつ」と呼んだものの初期の例だったわけだ[4]。

ニールの話の真偽はともかく、この話のクラブサンドイッチが印象的なのは、3枚ではなく2枚しかパン——というかトーストだが——を使っていないところだ。

記録に残る最も古い1890年代の「クラブサンドイッチ」は、ローストチキンからとった白身の肉、ベーコン、新鮮なレタスと（または）トマトをすべて一緒に、バターを塗ってトーストした2枚のパンの間にはさむという構成だった。クラブサンドイッチの斬新な点はパンの枚数ではなく材料の組み合わせと、熱いもの（トースト、ベーコン）と冷たいもの（レタス／トマト、マヨネーズ、チキン）の両方が入っていたことだ。1900年の『ボストン・グローブ』紙はまだ、熱いベーコンに冷たいマヨネーズを合わせるのを「なかなか衝撃的」と考えている。(5)

一方、「クラブハウス」サンドイッチと称して実際に3枚――あるいはそれ以上――のパンが層になっているものもあった。初めて世に出たそのレシピはサラ・タイラー・ローラーの1894年刊『サンドイッチ *Sandwiches*』である。1914年に出たオレゴン州ポートランドのユダヤ人女性協議会による「お隣さんの料理ブック *The Neighbourhood Cook Book*」は4枚以上のパンを使った「クラブハウスサンド」のレシピを紹介している。

白いパンの薄切りをトーストし、軽くバターを塗って、カリカリになるまで炒めた薄切りのベーコンを載せます。その上にもう1枚バターを塗ってトーストしたパンを載せ、さらにしっかり味つけしたチキンの薄切りを、その上にトーストを、そして斜めにスライスしたキュウリのピクルスともう1枚トーストを載せます。(6)

時とともに、クラブハウスサンドイッチとクラブサンドイッチは同じひとつのものになった。1928年には、17種類ものクラブサンドイッチを紹介したフローレンス・A・カウルズが「クラブサンドイッチは1層から5層までいずれの構成にしてもよい。土台はかならずトーストであること、ただし上の層は作る人の好みと手元にある材料次第」と書いている。(7) カウルズは全5品のコース料理を6枚のパンの間にはさみ込んでしまうロシアン・クラブサンドイッチのレシピ(「レシピ集」参照)まで紹介している。

クラブサンドイッチはアメリカの名作サンドイッチの例にもれず、人々を熱狂させてきた。1930年にアメリカ議会は下院のカフェテリアで出されるクラブサンドイッチの大きさ、質、価格について白熱した議論を戦わせた。その理由は直前に提出された、下院のレストランの補助金として3万ドルを求める議案だった。

オハイオ州代表のマーフィー議員はこの議案に抗議して立ち上がり、2個のクラブサンドイッチを腹立たしげに振り回しながら「顔を真っ赤にし、身を震わせていた」。マーフィー議員は、レストランがクラブサンドイッチに70セントという法外な値段をつけておきながら助成金を要請するなど言語道断だ、ワシントンの最高級ホテルですらとらない金額だと熱弁をふるった。彼は下院のクラブサンドイッチからチキンを抜き取ると、値段に値しない代物であるのを見せようと高々と掲げた。多くの議員がマーフィー議員に同意のつぶやきをもらした。しかしアラバマ州代表が口をはさ

安価な食べ物。スライスパンにマーガリンを塗ったつつましいおやつを楽しむアメリカの子供たち。1939年のニューコー・マーガリンの広告。

んだ。「クラブサンドイッチについてはさんざん聞いてきましたが、クラブサンドイッチに手が出なくて食べないわれわれはどうなります？　ハムサンドはどうなんですか？」(8)

◉ダイナー

大恐慌時代のアメリカでは、サンドイッチは労働者階級の日常食で、軽食堂や5セント10セント均一店や食料品店で買ったり、出回り始めたばかりの白い薄切りパンを使って家庭で手軽に作ったりしていた。サンドイッチは1872年にロードアイランドのプロヴィデンスから始まった「ダイナー［大衆食堂］」の主

「アルズ・サンドイッチ店」。フロリダ州マイアミビーチ。

要メニューだった。メニューはすべて5セント均一だった。

ダイナーの歴史を研究しているリチャード・グットマンは世界初のダイナー（馬で引くただの屋台で、ゆで卵、パイ、サンドイッチ、コーヒーを売っていた）で出された「チュード」サンド〔この後の説明にあるように、材料をこまかく切ってあるため「噛みくだいた（chewed）」という名前がついた〕について書いている。それは「まな板の残り物の切れ端をさらにこまかく切って、バターとマスタードを塗った2枚のパンの間に薄く広げて作るものだった[9]」。

ランチワゴンが路上から姿を消し店舗に変わると、サンドイッチのメニューは拡大した。サンドイッチをダイナーの隠語で「オールザウェイ」（レタスとマヨネーズと玉ねぎとバター入りで）とか「ハイ・アンド・ドライ」（バター、マヨネーズ、またはレタス抜きで）と指定して注文することができた。[10] コネチカット州ウォーターベリーの「ホワイトハウスカフェ」で出していたトリルビー・サンドイッチ（みじん切りのハムとバミューダオニオンのスライス）のように、自分の店の特製サンドイッチを開発するダイナーもあった。[11]

なんといっても、ダイナーのサンドイッチは安かった。１９３２年にマサチューセッツ州ニューベリーポートの「ウースター・ランチ・カー」では以下のサンドイッチがどれも10セントで買えた。クリームチーズとオリーブ、クリームチーズとジャム、冷たいスライスハム、冷たいみじん切りハム、グリルハンバーグ（要するにハンバーガー）、アメリカンチーズ。５セント追加すればパンをトーストしてもらえた。[12]

◉ボニーとクライドの朝食

ボニー・パーカー（１９１０〜１９３４）とクライド・バロウ（１９０９〜１９３４）［大恐慌時代、アメリカで銀行強盗と殺人を繰り返したカップル。パーカーが女性。犯罪者だが英雄視する人もいた］が、サンドイッチで食いつなぐ貧しい生活の様子をかいまみせてくれる。ボニーとクライドの評伝作者のジェフ・グインが、逃亡中のふたりの「全食生活」は「ボローニャとチーズのサンドイッチ」で、たまにグラス一杯のバターミルクがつく程度だったと書いている。[13]

別名バロニーとも呼ばれるボローニャとは薄いピンク色のランチョンミートで、およそ不健康な代物であることが多かった（アメリカの食肉業者は、ソーセージにするしかない低級品の肉を「ボローニャ」と呼んでいた）。しかしボローニャは満腹感を得られるうえ、驚くほど安い。

ボニーとクライドはついに居どころを突き止められて警察に射殺された当日の朝も、朝食にサンドイッチを買っていた。ルイジアナ州ギブスランドの「マキャンフィールズ・カフェ」で買った彼らの最後のサンドイッチがフライド・ボローニャだったのかBLTだったかについては説が分かれる。しかしボニーが殺されたとき、彼女の膝の上にあったのはていねいに包まれたサンドイッチの残りだった[14]。

ボニーとクライドがサンドイッチを朝食に食べるものと考えていたのは注目に値する。イギリスでは朝食用のサンドイッチは基本的に「グリーシースプーン」［庶民的な安食堂］のベーコンかソーセージのサーニー［サンドイッチの愛称］の二択に限られる（ただし今では卵とベーコンのオールデイ・ブリティッシュ・ブレックファストを具にしたパニーニを出すカフェもある）。しかしアメリカでは、朝食のサンドイッチは豊富で多彩だ。

モーニングサンドのレパートリーを作り上げたのはまずダイナーと路上の屋台だった。レパートリーを彩るのは昔ながらのベーコンエッグロール、ピーナツバターとベーコンのトーストサンド、ピーマンのオムレツを具にしたやわらかいブレックファスト・ブリトー、アボカドとサルサのテックス

トーストの上に目玉焼きと缶詰のアスパラガスを載せて作ったキッチュなアメリカのサンドイッチ。

メックスサンド、そしてマクドナルドのエッグマクマフィン。エッグマクマフィンはイングリッシュマフィンの中に、テフロン加工のリングの中で焼いた不自然に丸い目玉焼きをとろけるチーズとカナディアンベーコンと一緒にはさんだものである（1972年にカリフォルニアでお目見えした）。

最高のサンドイッチを食べることだけを目的に全米を旅したジェーン・スターンとマイケル・スターンは、著書『沿道サンドイッチ紀行 *Roadfood Sandwiches*』（2007年）で、午前4時ごろからニューヨーク市のナッソーストリートとウォール街が交差する場所で営業している「トニーズ」という小さな移動屋台で買ったブレックファストサンドのすばらしさを書いている（卵は注文を受けてから割って小さな鉄板で焼いてくれる！）。

スターン夫妻は長いロールパンにはさんだベーコンエッグを注文した。「たっぷりのバターで焼いたとびきり上等の卵とジュージュー音をたてているベーコンが、シード［ゴマ、ケシの実などの種］を散らしたつやつやの表皮の下にずっしりと身のつまったまるごと一本のロールパンの中に折り込まれている」。アメリカのほかの場所で食べたベーコンエッグロールとは違い、これは「パンの端から端までしっかり具が入っていた。パンも身がつまっている――皮のパリパリ感より噛みごたえが身上のパンだ」とふたりは特筆している。(15)

ホーギー（サブともツェップともいう）

◉バリエーションと郷土愛

ここから、アメリカのサンドイッチのまたひとつ重要な側面が見えてくる。地域ごとのバリエーションの多さだ。州ごとどころか地区ごと、さらにいえば店ごとに、人気のあるサンドイッチは異なる。そしてご当地サンドイッチの作り方が熱烈な郷土愛で頑固に守られているのである。

良い例が、何層もの冷肉とチーズとレタスと調味料を横長のイタリアンアメリカンロールにはさんだホーギーである。アメリカのどこで食べるかによって名前はブリンピー、ボンバー、グリンダー、ウェッジ、ツェッペリンまたはツェップ、キューバンサンドイッチ、プアボーイまたはポーボーイ、リッチガール、ロケット、ゴンドラ、スパッキー、トルピード、トンネル、ロケット、サブ、あるいは単純に「イタリアンサンドイッチ」と名前が変わり、中身の構成も場所ごとに大きく変わる。

「ウェッジ」はパンに入れた2本の切り込みに具をはさんだもので、ニューヨーク州ウェストチェスター郡名物のサンドイッチ。ルイジアナ州のポーボーイはシーフード中心の具、それに対して東海岸のグリンダーとツェップは肉ベースだ。ニューヨークのヒーロー――1個食べきるには果敢な食欲が必要だとして1930年代にこの名がついた――は通常は1種類の冷肉が主役だが、フィラデルフィアのホーギーには多種類の肉が入っている（たとえばプロシュート［豚のもも肉のハム］、コッパ［豚の首肉のハム］、ソプレサータ［豚の頭、舌、耳、ほほ肉の煮こごり］）。

それぞれの変種にまつわる誕生の逸話が正統性をめぐって激しくしのぎを削っている。そもそも、20世紀初期からフィラデルフィア南部でイタリア移民が食べていたホーギーそのものにしても、イタリア移民が主な職場としていたホグアイランド造船所が名前の由来だと言う者もいれば、サラミとプロボローネ［チーズ］の詰まった20センチのパン1本をまるごと食べるには「ホグ［豚のこと］」にならなければならないからだという説を唱える者もいる。

1936年に初めてホーギーを出したと主張するサンドイッチ店の主、アル・デ・パルマはこのサンドイッチを「ホギー」と呼んでいた。(16) しかし1984年に、メイン州のアントワネット・イアネッツリという女性がフィラデルフィア初のホーギーを出したのはデ・パルマ氏ではなく自分だと『ニューヨーク・タイムズ』に語っている。1934年ごろ、ある警官が彼女の屋台にやってきて、妻とけんかしてしまったのでサンドイッチを作ってほしいと頼んだのだという。

イアネッリは1本のイタリアンブレッドを半分に切り、肉、オリーブ、玉ねぎ、レタス、トマトを詰め、しっとり感を保つためソースを混ぜた。「こうしてできたのが、ホーギーです」とイアネッリは語った。「翌日警官がまたやってきて言いました。『アントワネット、あのサンドイッチをまた作ってくれ、今度は警部のために』」[17]

しかしフィラデルフィアの食の歴史を研究しているウィリアム・ウォイズ・ウィーバーは、ホーギーという名前はフィラデルフィアの路上で「ホーキーポーキーマン」が売っていた安いアイスクリームの名前「ホーキーポーキー」に由来すると述べている。[18] おそらくアイスクリーム売りたちがホーギーも一緒に売っていたのだろう。あるいは自分たちが食べていたのかもしれない。

こうした諸説ある話の真相にはどうやらたどりつけそうにない。いまだにこのような論争が続いている事実こそ、地元の名物サンドイッチへの強い愛着の証と見るのがよいだろう。

フィラデルフィアのチーズステーキ（熱々のステーキのスライスと玉ねぎを、チーズウィズかプロセスチーズと一緒にホーギーにはさむ）、ウェスタン・サンドイッチ別名デンヴァー・サンドイッチ（スクランブルエッグ、ハム、ピーマン、玉ねぎをロールパンにはさむ）、BLT（ベーコン、

ぎっしり具を詰め込んだ典型的なアメリカのサンドイッチ、ルーベン・サンドイッチ。

レタス、トマト）、ＰＢＪ（ピーナツバターとジャム）の起源についても同じような論争があるはずだ。コンビーフ、ザワークラウト、チーズをライ麦パンにはさんで作るデリ特製のルーベンは、ニューヨークにあるデリカテッセンの店主アーノルド・ルーベンが考案したとする一派と、ネブラスカ州オマハにあるブラックストーンホテルのルーベン・クラコフスキーが最初に作ったとする一派の間で熾烈な論争の種になっている。

◉あくまでも高く

由来が最もわかりやすいアメリカのサンドイッチは特定の場所や人物にかかわるものだ。たとえばつぶしたバナナとピーナツバターを白いパンにはさんでバターで焼いた「エルヴィス・サンドイッチ」はプレスリーが昼夜問わずいつも食べていたサンドイッチとして知られている。

もうひとつ、由来がはっきりしているサンドイッチがダグウッド、別名スカイスクレーパー・スペシャルで、ムラート・「チック」・ヤングの漫画『ブロンディ』の中で1936年4月16日に初めて登場する。登場人物のダグウッド・バムステッド（ブロンディの夫）が冷蔵庫にあるものを手当たり次第に使ってサンドイッチを作る。牛タン、玉ねぎ、マスタード、イワシ、豆、西洋わさび。時とともにダグウッドが作るサンドイッチはますますでたらめになり、まったく合わない材料同士の寄せ集めになっていく。1944年に作ったサンドイッチはあまりの収拾のつかなさに、ダグウッドは電気ドリルで穴を空けて「フランクフルトソーセージで接合しよう」と思いつく。[19]

残念ながらこのジョークはダグウッドの視聴者には通じないことがしばしばあった。ダグウッド・サンドイッチは大真面目に出され、食べられていたのである。ダグウッド・サンドイッチは垂直に高く積み上げたサンドイッチという偉大なるアメリカの伝統の一部になった。一方に、まるごと一斤のパンをくりぬいた中にピリ辛のオリーブサラダと冷肉の層を重ねた、おいしいニューオーリンズ名物のマファレッタや、くりぬいたパンに加熱したカキを同様に詰めたオイスター・ローフがある。このようなサンドイッチにはそれなりの一貫性がある。

他方には、人間の口の中におさめようという野心などあえなくついえるスクービー・ドゥー・サ

巨大なスクレーパー・サンドイッチを一口で食べようとして挫折する男の子

ンドイッチがある。その変種が、カリフォルニア州サンディエゴの「D・Z・アトキンス」が出している「フレッサー」だ。名前の由来はイディッシュ語で「食べる人」を意味する「フレッサー」で、2枚の薄切りにしたライ麦パンの間にデリミート［加工肉］を16層も重ね（パストラミ、七面鳥のロースト、コンビーフ、ローストビーフなどなど）、その上にチーズとトマトを絶妙なバランスで載せて、長い木製の串で固定したサンドイッチである。

アメリカのサンドイッチに対してほぼ底なしの食欲を持つジェーン・スターンとマイケル・スターンも、さすがにこのタワー型サンドイッチを前にして少々苛立ちを示している。

作られたものがあまりに高くなりすぎ、中身がパンからすぐにはみ出してこぼれ落ちてきそうなので、見た目は多少まだサンドイッチに似ているけれど、ふつうの食べ方では食べられない。ナイフとフォークを使ったとしてもバランスが崩れることは間違いなく、結局はパンも含めたいろいろな材料がすべてごちゃまぜになった料理になってしまう。こういうサンドイッチを注文するときはパンを2枚か4枚追加で頼み、中身を再配分しながら食べるのが一般的だ。ひとつのサンドイッチを構成していた材料から、いくつかの特大サンドイッチをつくるのである。[20]

サンドイッチへの思い入れが強すぎて、サンドイッチの体《てい》をなさなくなりそうな食べ物だ。手のかけ方もここまで来ると暴走である。

◉個人主義としてのサンドイッチ

サンドイッチはアメリカ人の個人主義と選択の幅を表現する格好の手段ともなってきた。1906年にメイ・E・サウスワースが『サンドイッチ101種 *One Hundred and One Sandwiches*』を出したが、その数はまもなくエヴァ・グリーン・フラーの著書『最新サンドイッチの本――作り方400種 *The Up-to-Date Sandwich Book, 400 Ways to Make a Sandwich*』(1909)年によってかすんでしまった。この本は1927年には「550種」に改訂されている。ところがこの数字さえもフローレンス・A・カウルズの『サンドイッチ700種』(1929年)と1936年刊の『サンドイッチ1001種 *1001 Sandwiches*』に比べるとまったく見劣りがしてしまう。

1001種といえばほぼまる3年間毎日違うサンドイッチを食べられる数である。戦後のイギリスではサンドイッチの具はわりあい固定化し、種類が限られるようになった。チーズとピクルス、卵とクレソン、ハムとマスタードくらいである。それがアメリカでは無限だ。心のおもむくまま、サンドイッチには何を入れてもよいのである。

カウルズの『700種』では、ピーナツサンドイッチだけでも想像しうるかぎりのありとあらゆる味を網羅しているばかりか、ピーナツバターとキャベツとか、ピーナツバターとチーズとオリーブとか、「ピーナツパイン」（ピーナツバター、ハチミツ、クルミ、レタス、パイナップル）など想像を超える味まで提案している。

イギリスでは出来合いのサンドイッチがあたりまえだった。プレタマンジェやマークス・アンド・スペンサーのサンドウェッジは、好むと好まざるとにかかわらず調味料や風味づけがあらかじめ決められ、それをそのまま食べるようになっている。

対照的に、アメリカのデリサンドイッチは老若男女一人ひとりの好みに合わせてくれる。ツナサンドイッチは白いパンにも全粒粉パンにもライ麦パンにもできる。ピクルスを入れるか抜きにするかも、付け合わせのサラダも選べる。アメリカのサンドイッチはかならずしもファストフードとはいえない。高級デリでは注文した品ができるまで10分間ほど待たされるかもしれない。せっかちな第4代伯爵なら怒るだろう。

しかし、アメリカ流のサンドイッチの作り方が世界に受け入れられたのは明らかだ。

客が「野菜、調味料、パンの種類を選んで」サブマリン・サンドイッチの基本のレシピを「変更」できるフランチャイズチェーンのサブウェイは、90か国に3万以上の支店を持つ。自分のサンドイッチにアイスバーグレタスを入れてレッドオニオンは抜く、オイルとヴィネガーではなくハニーマスタードにする、パストラミのかわりにターキースライスにする、と選ぶことで、自分の昼食を作っ

サブウェイのカイロ支店。アメリカのサンドイッチがここまで進出している。

ている気分になれる。肉とパンという基本の組み合わせが特別なものになる。つまり、好きなだけ「手をかける」自由があるのだ。

第5章◉世界のサンドイッチ

食べれば故郷を思い出す、それで十分なのです。

――『ニューヨーク・タイムズ』（2009年4月7日付）に引用されたベトナム人サンドイッチ店主、タオ・グエン

◉バインミー――ベトナム発のサンドイッチ

目下、ニューヨーク市でいちばん人気のサンドイッチのひとつがバインミーである。皮の堅いバゲットにグリルした豚肉とパテを軽く酢漬けにした野菜（ニンジンと大根）と香菜と一緒にはさむ。青トウガラシ少々で辛く仕上げる場合もある（マヨネーズはお好みで）。おいしいサンドイッチの例にもれず、バインミーもバランスが絶妙だ。野菜とハーブのさわやかな酸味によって豚肉のこってり感が相殺される。パテが入っているのでパサパサに感じさせない。本当の意味で国際化の産物

世界中のハートを射止めたベトナムのサンドイッチ、バインミー。

といえるバインミーは、サンドイッチがまったく異質な国と文化を合体させて、独自のおいしさにまとめあげてしまえることを教えてくれる。

パンは本来ベトナムの食べ物ではない。バインミーのパン――バゲット――は20世紀初頭にフランス人によってインドシナ半島に持ち込まれたものだ。ただしサイゴンのバゲットはパリのバゲットとは違う。米粉と小麦粉を半々で使っているから、軽い。当初、このバゲットを食べていたのは主にフランス人植民者たちだったので、パテの塗り方が少々厚めだったり、フランス風にハムとバターの分量はたっぷりめだったかもしれない。しかし1940年代に、ベトナム人の「フランスかぶれ」たちがこの「サンドイッチを食べる」という高級感に憧れた。

このようなフランスのサンドイッチの「お手ご

ろ版」がどんな形でベトナムの店に登場するようになったかを、あるベトナム人経営のダイナーは回想する。たいていはマヨネーズを塗ってあり、生の細ねぎが入っていたという。(1) サンドイッチは「バインミータイ」、文字通りフランスのパンと称された。移動式のサンドイッチ屋台で売られるようになり、ピーマン、キュウリ、ピクルス、ハーブなどの安いが味覚を刺激する具が使われた。サンドイッチはカンボジアでも食べられていた。

1954年、インドシナ戦争でフランスが敗北し、ジュネーブ協定によりフランスはベトナムから撤退した。しかし「バインミータイ」はその後も軽食として愛されつづけた。1975年にベトナム戦争が終結すると多数のベトナム人がアメリカ合衆国に移民し、1978年にも再び大勢のベトナム人がアメリカに渡った。ベトナム人は自分たちのサンドイッチの概念をアメリカに持ち込んだが、それは具をたっぷり詰め込んだアメリカのデリサンドと出会って新たな姿に生まれ変わることになった。

そもそものきっかけは、移民たちにバインミーが買えなかったこと。そのため彼らは自分で作るようになった。ヒューストン在住のジュリー・ルオンが『ニューヨーク・タイムズ』に次のように語っている。「わたしがニューオーリンズの大学にいたころ、ベトナム人学生たちはポーボーイ・バゲットを買って中身をくりぬき、レバーソーセージとクレオールソーセージとミラクルホイップ［商品名。アメリカの甘いマヨネーズ］をはさんだものでした。みんな母親が送ってきてくれるピクルスはあったから、それがわたしたちのバインミーだったんです」[2]
しかし２０００年代に入ると、バインミーはアメリカの各都市にすっかり定着し、新たな文化を取り込んだバリエーションが出てくるようになった。ニューヨークのポーランド人街では、バインミーは従来の「チャールア」（豚のテリーヌ）のかわりにポーランドの「キルバサ」［燻製ソーセージ］を使って作られている。同じくニューヨークの「バオゲット」ではスロッピーバオを出しているが、これはアメリカのスロッピージョーのバインミーバージョン、ただしこちらは牛ひき肉のかわりにミンチにした豚肉の激辛カレーで作られている。
変わった異文化混合料理をベトナムの食べ物ブログがいくつか紹介しているが、その中にはバインミー・ブラートブルスト［ドイツのソーセージ］とバインミー・ドネルケバブ［トルコのロースト肉］なるものがある。２００９年に本格的なバインミーがロンドンはブロードウェイ・マーケットの「バインミル」という小さな屋台に上陸した。ここでは醤油と日本酒で味つけした「イギリスのランプステーキ」で作った「限定版」バージョンを食べることができる。[3]
ホーギーの本場フィラデルフィアでは、バインミーは単に「ベトナミーズ・ホーギー」として売られている。２００９年にわたしはフィラデルフィア西部のベトナム食料品店で2本のベトナミーズ・ホーギーを買った。1本はコールドカット［調理後に冷やした肉のスライス］に野菜のピクルスを添えた具、もう1本はマリネした豆腐入りのベジタリアン・バージョンだった。「これ、バインミーですよね？」わたしはカウンターの若い女性にたずねた。「まあ、そうですね」ベトナム系アメリカ人二世の彼女は答えた。「でもお客さんがいらしてバインミーを注文すると、わたし笑って言うんですよ。これみんなバインミーですよって。ツナ・ホーギーもバインミー。ターキー・ホーギーもバインミー。バインミーってサンドイッチのことなんです」

このように、「サンドイッチ」の意味は場所によってがらりと変わる。ギリシャならザジキ［ヨーグルトベースのソース］とトマトと玉ねぎを載せ、温かいピタにくるんだギロス［ギリシャの肉料理。何層にも重ねた薄切り肉を棒で回転させながらあぶり焼きにする］のことだし、ポルトガルなら「フランセジーニャ」（フランスの、の意）、1960年代に考案されたクロックムッシュの変種で、ハムとリングィーサ・ソーセージにたっぷりのとろけるチーズとビールソースで作ったものかもしれない。ウルグアイでは皮の堅いロールパンに詰められた、ステーキベーコンとマヨネーズとオリーブの「チビート」かもしれない。フィンランドではガーキンを添えたソーセージ・サンドイッチ、「ポリライネン」。ニュージーランドでは、紫のビーツが彩りになっているチェダー・サンドイッチ。ドミニカ共和国なら「チミチュリ」、皮の堅いロールパンにローストポークとキャベツの具が入っているだろう。

世界各国のサンドイッチの好みを挙げていくのは骨の折れる果てしない作業になるはずだ。サンドイッチの魅力にまったく心動かされない国は皆無だと言っておけば十分だろう。それは、ひとつ

イギリスのケンブリッジにある「カフェ・ブラジル」で出されたブラジリアン・サンドイッチ。チキン、オリーブ、コショウ、マヨネーズがバゲットに載っている。

にはその形が自由自在だからである。パンを変えても、具を変えても、両方を変えてもいい。

◉オープンサンド——北の海の国々の伝統

しかし片面をオープンにしたサンドイッチにかたくなにこだわる国の謎は残る。なぜロシアのお母さんは子供たちにパンとバターと燻製の魚の食事を作る際、上にスライスパンを載せようと思わないのだろうか。バルト諸国とスカンジナヴィア諸国では一貫して、サンドイッチはオープンになっているのがふつうだ。ロシアの「ザクースキ」と「ブテルブロート」、スウェーデンの「スモーガス」、ノルウェーの「スモーブロー」、デンマークの「スモーブロー」。デンマークではスモーブローが料理の最重要要素となっている。コペンハーゲンのレストランの大多数でスモーブローを出すが、それはどっしりした黒いライ麦パンにウナギ、スモークサーモン、ニシン、キャビア、エビ、キュウリなど華やかな具をふんだんに美しくトッピングしたものである。ただし2枚目のパンは載せない。出来かけサンドイッチへのこの愛着はどういうわけか。

これら北の国々にはいずれもコールドカットをはじめロールモップ［酢漬けニシンを巻いたもの］などの酢漬けニシンやバルト海で獲れた魚の燻製、ピクルス、チーズ、塩漬け肉などデリカテッセンの惣菜の根強い伝統がある。デンマークには、パンのトッピングのカテゴリー全体を指す専用の言葉まである。「パレーグ」、文字通り「上に載せるもの」という意味である。これだけ豊富な食材が手に入るなら、昔ながらのスウェーデンのスモーガスボード［序章14ページ参照］と同じようにディスプレイするのも当然だったのかもしれない（他方、本来のサンドイッチはこれまで見てきたように伝統的に、手元の材料を何でも一緒にしたありあわせの性格が強い、あまり気を使わない食事だった）。

バルト諸国でオープンサンドが愛されているのは、ほかにもいくつかの要因が影響しているだろう。

第一に、これらの国では黒い全粒粉のパンへの愛着が強い。オープンな状態でサンドイッチを出すのはパンを食べすぎないようにという配慮からだと考えるかもしれないが、逆もまた真なりである。本物のサンドイッチでは、パンは具の脇役である。1762年に初めてサンドイッチが登場した文献で、ギボンは「冷肉少々すなわちサンドイッチ」と呼んでおり、肉こそが肝心な部分だとほのめかしている。しかし「ブテルブロート」や「スモーブロー」では基本は「ブロート」、パンである。スカンジナヴィア人とロシア人は自国のパンを愛するあまり、パンの上に自宅の食品貯蔵庫にある最もおいしい食材で飾りたかったのだ。

第二の要因は、これらの国が大英帝国の勢力圏外にあったことかもしれない。19世紀にイギリス人は、インドからカナダ、オーストラリア、政治的には独立していたもののイギリス文化の影響下にあったアメリカにまで、帝国の土地の続くかぎりどこまでも自国のサンドイッチを持ち込んだ。しかしスカンジナヴィアとロシアは遠いままだった。彼らはパンの食べ方についてイギリスにコツを教わったりしなかったのだ。

第三の理由は、仕事中毒のアングロサクソン人とは対照的に、バルト諸国では昼食に正餐の感覚をまだ持っていることだ。デンマークの典型的な「スモーブロー」は三品のコース構成になっている。一品目がニシンのオープンサンド、二品目がチーズ、三品目が肉だ。第4代伯爵にそんな時間はなかっただろう。持ち歩きには適さない「ブテルブロート」をロシアのお母さんが子供に作るのは、ひとつにはロシアでは一般的に学校が1時ごろに終わるからで、つまり子供たちは家に帰ってきて昼食を食べられるのである（3時半までおなかをもたせるために、ランチボックスのハムサンドイッチを急いで食べるイギリスの子供たちとはそこが違う）。

オープンサンドは基本的に本物のサンドイッチほどには持ち歩きに適さない。キュウリとレモンのスライスを丹念に並べた渦巻き形は、ランチボックスの中で揺られるには向かない。ノルウェーは「メロムレグスパピール」すなわち「間にはさむ紙」の発明によってこの問題を回避した。家の外で食べるときに（ハムやチーズやレバーのパテなどをトッピングにした）簡単なオープンサンドの上にかぶせて載せる紙である。そして全体をマットパピール（サンドイッチペーパー）にくるんで、マットパッケ（サンドイッチランチ）にする。昼食時に包みを開くと、マットパピールは即席のお皿になる。うまくできたものだ。しかし単純にもう1枚パンを載せればこんな手間ははぶけるのに！

二枚重ねのサンドイッチに対するバルト諸国の抵抗も、グローバル化にともない変化しつつある。今ではモスクワとサンクトペテルブルクには西洋スタイルのサンドイッチを売るチェーン店が無数にある（イギリスのプレタマンジェによく似ていると言われる、メニューにサンドウェッジやラップまで揃った「プライム」など）。ランチの時間が短くなる一方のデンマーク人も、自国のコールドカットは2枚のライ麦パンや半分に切ったバゲットにはさんでも、手の込んだ「スモーブロー」で出されたのと味にまったく遜色ないことに気づいた。ご本家アングロサクソン系サンドイッチは快進撃を続けている。

フィラデルフィアにて、ファラフェル・サンドイッチを宣伝する看板。サンドイッチのグローバル化の一例。

◉サンドイッチを受け入れたフランス

サンドイッチを食べる人間を信用しない国と長らく言われてきたフランスですら、サンドイッチに屈服した。

「サンドイッチ」という言葉は遅くとも1830年にはフランスで知られていた。この年にバイロン卿のフランス語翻訳者が脚注で「サンドイッチ」はフランス舞踊で供されるようになったものだと解説し、「バターを塗ったパン2枚の間にはさんだハムまたは塩味をつけた牛タンのスライス」であると付記しているからである。(4)

ただし、サンドイッチは最初からイギリスと同じようにフランスの国民食の土台となったわけではなかった。フレンチの大御所シェフ、ジャン・カムーはかつて「フランス人はサンドイッチなど食べるべきではない。あれはイギリス人の発明で、唾棄《だき》すべきものだ」と言っていた。１９８４年に作家のグエン・ロビンスは「フランスのブルジョワ階級はサンドイッチに魅了されることなどたえてなかった。彼らにはサンドイッチをどう扱ったものか見当もつかなかったし、パンは皿のソースをぬぐったりオムレツの残りに浸したりするのに使うほうがずっと好みだった」と書くことができた。(5)

ところが時代が下って２００８年には、フランス人は年間13億個ものサンドイッチを食べている。『エコノミスト』によれば、労働時間がアングロサクソン人にますます近づき、のんびりした長いランチがすたれてきたことから、２００３年から２００８年にかけてフランスでは「サンドイッチ市場の規模は28パーセント増と大躍進した」という。(6) 高級サンドイッチチェーンの「リナス」は「ル・ビューティフル・サンドイッチ」をうたい文句にしている。

◉独創的な日本の「パン屋」

かつてサンドイッチを「唾棄すべき」とまで言っていたフランス人が今日では大量のサンドイッ

チを消費していることは驚きに値するが、少なくともフランスにはパン食の長い伝統があった。しかしさらに驚くべきは、もともと米食のアジア諸国が、パンを好む下地がなかったにもかかわらず、サンドイッチを受け入れたことだ。韓国と日本はともに従来は米と麺類から炭水化物を摂取する国だった。しかし20世紀半ば以降、両国では西洋風の加工された白いスライスパンで作られたサンドイッチを食べる文化が大きく発達した。

韓国のサンドイッチはトーストされ、甘い卵焼きにキャベツ、ベーコン、またはキムチ（国民的に愛されている激辛の漬物）が具になっているのが通例だ。ソウル市内には「イサック・トースト」「トーストア」「ソクボン・トースト」などトーストサンドイッチのフランチャイズ店が多数ある。日本では、サンドイッチ（通称「サンド」）はトーストせず冷たい状態で、卵マヨ、ツナマヨなどマヨネーズたっぷりの具をはさんだものがふつうである。イギリスのアフタヌーンティーを真似て耳は切り落とされている。子供のお弁当にはかわいい小さな動物の形に型抜きしたキッチュなサンドイッチが制作されることもある。

韓国のサンドイッチも日本のサンドイッチも、それぞれの国の食文化にあまりそぐわないという批判を浴びてきた。「韓国のサンドイッチはキッチンで五歳児がいたずらして作ったようなものばかりだ」朝食シリアルを具にした韓国のトーストサンドのレシピについて、ある食べ物ブログが苦言を呈している。(7) 典型的なコンビニ食品である白いパンを使った日本のサンドイッチは、「真っ白白で栄養価がほとんどないパン」の「真ん中にしか具が入っていない」およそ元気の出ない食べ物と言われ、パッケージには不自然な英語で「このサンドでハッピーな時間を」などと書かれている。(8)

その一方で、日本には再び活気づいている製パンの伝統がある。日本の「パン屋」では、スパゲッティからカレーまで具にした常識を覆すような種類のサンドイッチを出している［著者は菓子パンや総菜パンをサンドイッチの一種としてとらえている］。1999年、東京でパン屋を営むヨネクラ兄弟は、和洋折衷型の取り合わせのサンドイッチを販売していた。このパン屋を取材したアメリカ人はこう書いている。

ほとんどの日本のサンドイッチは、実際には中に具を入れてから焼いたロールパンまたはバンズです。（ヨネクラ兄弟は）スパゲッティ［「焼きそば」か］のサンドイッチ以外にもコーンのサンドイッチ、マッシュポテトのサンドイッチ、——それにおそらく冒険心のある人向けに——マッシュポテトとコーンのサンドイッチ、グリーンサラダのサンドイッチやカレーサンドイッチ、それから甘い豆のペーストを使ったアンコのサンドイッチを作っています。最近、兄弟はもっと西洋型に近いサンドイッチも実験的に出して成功しており、ランチアワーのラッシュを想定してハンバーガー、ビーフテリヤキ・サンドイッチ、ツナサラダ、そして新機軸の商品としてキムチビーフ・サンドイッチ（韓国の激辛の白菜の漬物、キムチを使っている）を山の

ように作っています。(9)

ここに出てくる豆のサンドイッチは「あんパン」といい、甘い豆のペーストを具として中に入れてから焼いたものだ。日本のテレビには就学前の子供たちを対象にした、「アンパンマン」が主人公の人気アニメがある。意表をついたものがスーパーヒーローになっている。

●中国のサンドイッチ事情

日本人の〝サンド〟好きに中国はまだ追いついていない。中国ではサンドイッチを食べる習慣は歴史が浅く、普及も進んでいない。アメリカでは、ハンバーガー用のバンズの中に焼きそばを押し込んだものからニューヨークの「マンタオ・チャイニーズ・サンドイッチ」(中国で食べられている「荷葉餅《ホーイエビン》」に似た蒸しパンを使用)まで、中華風サンドイッチが無数に販売されている。台湾ではスパムをはさんだ白いパンのサンドイッチが愛されている。しかし中国本土では西洋風のサンドイッチはいまだに異質なもののようである。

中華料理の西洋における第一人者、フーシャ・ダンロップが教えてくれたところによると、中国人は「パンをスライスして間に何かをはさんだ食べ物を本格的に受け入れてはいない」(10)。サブウェイは1995年に北京に一号店を出した。中国にサブウェイを進出させた起業家のジム・ブライアントは、サンドイッチという概念に地元客がいかに抵抗感を持っているかを思い知らされた。

みんな数日間は外から店の中をのぞくだけだった。ようやくサンドイッチを買ってみる段になって今度は大混乱が起きたため、ブライアントはサンドイッチの注文方法を説明した看板を出さなければならなかった。中国人客にはツナサラダの素材が魚であることが信じられなかった。頭も尻尾も確認できなかったからだ。また、食べ物をじかに触るのを嫌がり、サンドイッチを縦に持ってバナナのように包装紙をむいて食べた。とどのつまり、中国人客はサンドイッチを求めていなかったのである。[11]

その後サブウェイは北京だけでなく上海、広州、成都など、中国に100店舗以上をオープンした。しかし中国はアメリカのサンドイッチに完全に転向したわけではなく、具をはさんだフラットブレッドは西洋のサンドイッチとは別物として存在している。

四川では千切り野菜とチリソース、あるいは調理した肉を肉汁と一緒にはさんでいる。西安の北部にはクミンを入れて煮込んだ豚肉か羊肉を具にしたものがあり、「ジアモ」と呼ばれている。「ジアモ」とはフーシャ・ダンロップの解説によると「何かを別のふたつのものではさむこと、つまりサンドイッチすること」を意味するという。[12] 結局、中国にもサンドイッチの概念はあるのだ。

◉インドのサンドイッチ

フラットブレッドのサンドイッチはインドでも、路上販売のケバブや中に具を入れたロティやパラタやチャパティやナンという形で親しまれている。インド人のサンドイッチ好きぶりを示すのが、「ボンベイ・マジック・サンドイッチ・マサラ」という商品の存在だ。これはサンドイッチに「風味づけ」をするために開発された専用のスパイスミックスで、クミン、塩、黒コショウ、フェンネル、シナモン、クローブ、マンゴーパウダーその他のスパイスが入っている。

イギリス統治時代――テラスで食べるキュウリのサンドイッチ――そのままに、インドのサンドイッチはイギリス式のスライスパンで作られることが多い。19世紀の具はイギリス＝インド折衷型で、カレーパウダー入りのたたいたアンチョビとイワシ、あるいは卵とマンゴーチャツネなどだった。１９３０年にセシリア・ピールは『インドのカレー、スープ、サンドイッチ *Indian Curries, Soups and Sandwiches*』であまりぞっとしない具を紹介している――たまにチャツネを加える以外にはこれといった風味づけをしない燻製ニシン、ジビエ、瓶詰の肉だ。

イギリス＝インド折衷型でも、甘いサンドイッチはもっと食欲をそそる。たとえばパイナップル

サンドイッチ・トースターで作ったインドのカレートースト・サンドイッチ

や種を抜いたデーツなど。統治時代のイギリス人マダムは、湿らせた大きなナプキンでくるんだサンドイッチをピクニックに持って行くものとされていた。オオバコの葉でくるまなかったのはパンの風味をそこなうおそれがあるためだ。

植民地独立後の今では、具は完全にインド一色になっていることが多い。さまざまな種類のジャガイモのカレーや、チャナ・マサラ（ヒヨコ豆のカレー）が人気だ。また、インドでもサンドイッチ・トースターは人気があり、キャベツのバージ、チリパニール［チーズ炒め］、ほぼありとあらゆる野菜のドライカレーなどの美味を具にして温めたトーストが、サンドイッチのカリカリの端をつけて食べるようにチャツネを添えて出される。

しかしインドのサンドイッチの代表格は「ヴァダパヴ」といえよう。1971年にムンバイのダダール駅周辺の軽食売りが考案したストリートフードだ。マッシュポテト（「バタータ・ヴァダ」）で作ったしっかりと揚げたパティがココナッツとタマリンドのチャツネと一緒にバンズ（ポルトガル語の「パン」に由来する「パヴ」）にサンドイッチされている。香ばしくサクサクした食感で満腹感があり、インド版ハンバーガーといったところだろうか。

●アルゼンチンのサンドイッチ

もうひとつ秀逸なストリート・サンドイッチがアルゼンチンのホットドッグ、チョリパンである。チョリパン——チリ、プエルトリコ、ウルグアイでも食べられている——は熱々にグリルされたチョリソー・ソーセージを切れ目を入れたバゲットにはさみ込んだもので、通常は「チミチュリ」というハーブとスパイスを効かせたソースをかける。ソーセージはホットドッグ式にまるごと一本をそのまま使うこともあれば、蝶のような形に縦半分に切り開く場合もある——これを「マリポーサ」という。

元祖イギリスのサンドイッチと同じく、チョリパンも仕事の場でも遊びの場でも活躍する。ブエノスアイレスではチョリパンはタクシー運転手の常食として有名だ。彼らは仕事のあいまにチョリ

ブエノスアイレスのチョリパン売り。アルゼンチン。

パン屋台に飛び込んで短い食事休憩を取る。しかしこのスパイシーなごちそうはサッカー観戦でも食べるし、ペロン派の集会でも食べられる。極右派の人間を指す俗語「チョリパネロ」（チョリパンを食べる者）というあだ名にもなったほどだ。ただしこの用語はあまり意味をなさない。アルゼンチンではほとんど誰もが、政治的信条に関係なくチョリパンを食べているからだ。

チョリパンは皮の堅いどっしりした昔のサンドイッチの流れを汲む。しかしアルゼンチンにはそれとは正反対のサンドイッチの一派もある。サンドイッチ・「デミガ」——耳を落とした白いサンドイッチで、具はたとえばハムとチーズ、アスパラガスとマヨネーズ、あるいはチーズとサラダ——はかつてのイギリスのアフタヌーンティーのサンドイッチに相当する。「ミガ」とはパンの白い部分のこと。サンドイッチ・「デミガ」はイタリアのトラメッツィーニによく似ている。アーティチョークとハム、あるいはツナとオリーブとマヨネーズなどの繊細な具をはさんだやわらかくて小さなサンドイッチだ。

◉パニーニ——イタリアから世界へ

トラメッツィーニは多くのイタリアのバーで日中を通して、あるいは夜に白ワインを添えたトレーに載せて売られている。エドワード朝時代の料理人が5時のお茶を用意したときのように入念に作

多種類のトラメッツィーニとパニーニが売られているイタリアのサンドイッチ店

られることが多いが、コストはたいしてかからず、特に階級を匂わせる食べ物ではない。

トラメッツィーニはイタリア国外にはあまり広まらなかったが、パニーニは違った。パニーニは現代で最もグローバル化に成功したサンドイッチにちがいない。今この瞬間に地球上のどこでもいい、あるティーンエージャーを真っ二つに割ったら、中にはきっとパニーニが入っているはずだ。全体に焼き目のついたこの長いホットサンドは、パリからヨハネスブルクまで、スターバックスから病院の食堂まで、いまやどこにでもある。ちょっと気の利いたカフェなら溝のついたパニーニプレスがかならずあるだろう（パニーニプレスとはサンドイッチを押しつけて焼く器具である）。

トーストしたパニーニ（パニーノとは単に小さなパンを意味する）が最初に出されたのははるか昔、1900年代初めのイタリアの「パニテカ」（サンドイッチ店）でだった。しかしそれが世界中に広まるにはほぼ一世紀を要した。1954年に『ニューヨーク・タイムズ』がイタリア人は「ゼッポレ［揚げパン］」、カルツォーネ、トローネ［ナッツをハチミツや卵白で固めたヌガーのようなお菓子］、パニーニ」を食べている、と書いている。こうしたものがまるで非常にエキゾチックなものであるかのようだ。イタリアの若者たちは「パニナーリ」と呼ばれるようになった――急いでパニーニを食べるくらいしか休憩の時間がとれない多忙な人たち、という意味だ。

パニーニがイタリア以外でもなじみのある名前になったのは1980年代後半である。1987年に『LAタイムズ』がこう書いている。「100ドル賭けてもいい、イタリア語でサンドイッチを意味するパニーノが、まもなくハチミツのように快く人々の舌に載るようになる」。記者は100ドルを失った。単数形のパニーノは英語の仲間入りを果たさなかった。しかしパニーニ（かならず大文字で始まり、単数でも複数でも形は変わらない）はまさしく英語の一部になった。

パニーニ――あのパン全体についた心強い斜めの焼き目とともに――はいまや全世界に普及した。パニーニはローマやフィレンツェやヴェネチアだけでなく、リヤドでもムンバイでもジャカルタでも買える。ロンドン北部にある、若い感覚のグローバルでモダンな（そして受賞歴もある）サンドイッチバー、「ソーホー・サンドイッチ・カンパニー」では、こんなパニーニがずらりと並ぶ。ケ

ハムサンドイッチの道路標識

イジャン・チキン、ハニーローストハム、フレンチブリーとスモークストリーキーベーコン、ソーホー・ツナメルト、ジャイアントフィッシュフィンガーメルト、チキンエスカロップメルトのスイスチーズとフレッシュトマト添え、ソーホー・オールデイ・ベジーブレックファスト（ベジタリアン）、ローストベジタブルメルト（ベジタリアン）バッファローのモッツァレラとクリーミーバジルペストトマヨ添え。これらのパニーニはイタリア風にしようなどという勘違いはしていない。パニーニは特定の国や文化に属するものではない。焼き目をつけたパンはさまざまな人々にさまざまな具を届ける便利な入れ物にすぎないのだ。

すべてのサンドイッチの例にもれず、パニーニも特定の料理として——特定の材料の決まった組み合わせ——ではなく、食事の仕方として理解されている。それはだいたいにおいて社交的な食べ方ではなかった。

家族で囲む夕食や、みんなで集まって食べたり少々のワインを飲んだりしながら語り合うのんびりしたランチとは異なり、サンドイッチは通常、わたしたちを外界から隔絶した小さな殻の中に押しこめようとする。

サンドイッチは地味で自己中心的な食べ物だ。世界中で、人々は自分の食生活の主義や好みに合うサンドイッチを選び、おそらくは端末の画面を眺めながらひとりの世界に引きこもって食べる。サンドイッチはわたしたちをフォークと食卓と決まった食事時間から解放した。ある意味で、サンドイッチはわたしたちを社会そのものから解放したともいえる。それを嘆くにせよ、歓迎するにせよ、抗《あらが》うのはむだだ。それが今のわたしたちの食べ方なのだから。

謝辞

以下の皆様にさまざまな面でご助力いただいた御礼を申し上げます。サラ・バラード、カフェ・ブラジル（ケンブリッジ）、アイヴァン・デイ、キャサリン・ダンカン・ジョーンズ、ジャネット・クラーク、スヴェイン・フォッサ、ゴンサロ・ギル、デボラ・ハミルトン、ララ・ハイマート、スペンサー・フックス、マーサ・ジェイ、ポール・ケラー、マイケル・リーマン、アン・マルコム、オーランド・モンタギュー、ロージー・ニコルズ／ルクフォードAPM、ゲイトリ・パグラク・チャンドラ、ジュディス・パグラク、エルフレダ・パウノール、ミリ・ルービン、キャシー・ランシマン、デイヴィッド・ランシマン、ナスターシャ・ランシマン、トム・ランシマン、ヘレン・サベリ、アンドリュー・F・スミス、ソーホー・サンドイッチのダン・シルヴァーストン、レイ・ソコロフ、ネイト・スタイナー、トリストラム・スチュアート、アンドリュー・ウィルソン、エミリー・ウィルソン。

訳者あとがき

本書『サンドイッチの歴史』(*Sandwich: A Global History*) はイギリスの Reaktion Books が刊行している The Edible Series の一冊です。このシリーズは2010年、料理とワインに関する良書を選定するアンドレ・シモン賞の特別賞を受賞しています。

著者のビー・ウィルソンは1974年生まれのフードジャーナリスト。「ニュー・ステーツマン」「ニューヨーカー」「サンデータイムズ」など英米の雑誌に主に食べ物をテーマにコラムを書き、「ステラ」で連載したフードコラム「キッチン・シンカー」はフードジャーナリスト・オブ・ザ・イヤーを3度も受賞しています。本書以外にも食文化史をテーマにした著書『キッチンの歴史』(真田由美子訳/河出書房新社)、『食品偽装の歴史』(高儀進訳/白水社) があります。

サンドイッチといえば「サンドイッチ伯爵が賭けトランプに夢中になり食事の時間を惜しんで発明した」というのが定説ですが、その真偽やいかに? 著者は当時の文献にていねいにあたりながら推理していきます。そして出した結論には意表を突かれるものの、訳者はなるほどと納得しました。なかなか鋭い見解だと思いましたが、いかがだったでしょうか。

サンドイッチ発祥の国とされるだけあって、イギリスにはシェイクスピアやディケンズから児童書や絵本まで、サンドイッチが登場する文学作品が多々あります（本文中の引用は、シェイクスピア以外は訳者の独自訳です）。サンドイッチはその手軽さから大衆文化ともなじみがよく、劇場では役者にも観衆にも愛され、ボートレースでは選手のエネルギー源となり、ピクニックのお供にはもちろん、夕食を食べそこねた旅行者のお助け食としても活躍しました。あの有名な小説にもさりげなく出てきます（答えは本文でご確認ください）。鉄道が普及すれば駅の軽食堂のメニューになり、パブではビジネスマンのランチになりました。

著者の調査はイギリス国内にとどまらず、サンドイッチの祖先のレシピが２０００年以上前の中近東の文書に書かれていることまでつきとめています。時代を下れば、オランダの静物画にサンドイッチになる直前の素材（と著者は解釈）が描かれ、アメリカの漫画『ブロンディ』のエピソードからは新種のサンドイッチが生まれました。サンドイッチの歴史はそのまま人類の文化史、生活史と重なるのです。

そもそもサンドイッチという名前がつく前から、パンを食べていた西欧社会ではパンに具をはさんで食べるというスタイルが日常的に存在していました。そして先にも述べたように、サンドイッチの遠い祖先は中近東を発祥の地としており、今では日本でもよく見る「ラップ（薄い生地で具を巻いたもの）」も著者によれば最近の流行などではなく、これこそが古代の中近東で生まれたサンドイッチの一形態なのです。逆に西洋風のサンドイッチが現代の中近東に進出するなど、時代を超えた食文化の東西交流がスケール感たっぷりに描かれ、興味が尽きません。

お米を食べるアジアの国々にもサンドイッチが入り、受け入れられたことを著者はとりわけ興味深く観察しています。ベトナムや韓国にもそれぞれ個性的に姿を変えたサンドイッチが浸透していきました。日本代表としては、かわいい形に型抜きしたサンドイッチに著者は注目しています。さらに著者がサンドイッチの仲間として挙げている日本の食品は、日本人からすると「これもサンドイッチ？」と少々首をかしげてしまうところですが、読者の皆さんはどう思われるでしょうか。

最後に著者は、サンドイッチが職場のデスクで一人で食べるランチの典型となっていくさまに触れ、サンドイッチが良くも悪くも「個食の時代」の象徴になったとしめくくっています。少しさびしい終わり方なのですが、本編の後に用意されているレシピ集、料理に興味のない人も読み飛ばさずに、これにはぜひ目を通していただきたいのです。著者がフランス留学時代に惚れ込んで毎日買いつづけたサンドイッチが紹介されています。「私の定番」といえる食を持つことが、心にぽっととともった小さな灯のように孤独な異国での生活を支えてくれた、そんな体験が、食文化研究者としての著者の原点となっているのかもしれません。仕事のかたわらあわただしく詰め込む食事にもなれば、ささやかな心の糧にもなる。サンドイッチの奥深さに思いをはせたくなる一冊です。

本書を読んだ後は、街なかで目にするサンドイッチ――白い三角形の典型的なタイプからラップやクロックムッシュのような変種まで――がつい気になり、食べたくなることでしょう。そして自分でも作ってみたくなることうけあいです。王侯貴族から貧しい庶民まで、あらゆる階級の人々がその生活ぶりに見合ったスタイルで食してきたサンドイッチ。材料に凝って高級路線を追求してもいいし、身近な素材でいかに手間をかけずにおいしくできるかを研究してもいい。「自分だけのサンドイッチ」を休日の昼のひそかな楽しみにしている人、「我が家のサンドイッチ」レシピが伝わる家庭もあるかもしれません。私は小学生の時に友達の家に遊びに行ったら、両親が働いていて家にいない昼間、彼女が妹のおやつとしてマーガリンを塗って海苔をはさんだサンドイッチを作ってあげていたのが忘れられません。

最後になりましたが、ていねいな編集で訳者の行き届かない部分をご指導くださった原書房の中村剛さん、本書を訳すきっかけを作ってくださったオフィス・スズキの鈴木由紀子さんに心より御礼申し上げます。

2015年6月

月谷真紀

写真ならびに図版への謝辞

著者と出版社より、図版の提供と掲載を許可してくれた関係者にお礼を申し上げる。

Photo © adlifemarketing/ 2010 iStock International Inc.: p. 116; photos author: pp. 14, 28, 37, 56, 57, 76, 77, 121, 132, 136, 143; British Museum, London (photo © Trustees of the British Museum): p. 25; courtesy of Janet Clarke/Peter Brears: p. 52; photo © creacart/2010 iStock International Inc.: p. 48; photo © Culinary Archives & Museum, Providence, ri: p. 59; photo Daily Mail/Rex Features: p. 68; photo Dick Doughty/*Saudi Aramco World*/ SAWDIA : p. 125; photo © FA /Roger-Viollet: p. 70; courtesy of George Eastman House, International Museum of Photography and Film (© Nickolas Muray Photo Archives): p. 110; Getty Images: p. 45; image courtesy of Deborah Hamilton: p. 97; photo Spencer Hooks: p. 119; photo reproduced by permission of Paul Keller: p. 145; by permission of The Lanes borough Hotel, London: p. 86; photo Michael Leaman/Reaktion Books: p. 62; Library of Congress, Washington, dc : p. 87; photo David McEnery/Rex Features: p. 79; photo Robyn Mackenzie/ BigStockPhoto: p. 36; photo Mattes: p. 147; photo monkey businessimages/BigStock Photo: p. 16; photo Nickolas Muray, by kind permission of Mimi Muray Leavitt: p. 110; National Archive of the Nether lands: p. 91; National Maritime Museum, London (Greenwich Hospital Collection): p. 20; private collection: p. 107; Robert Opie collection: pp. 51, 95; photo Roger-Viollet/Rex Features: p. 99; reproduced courtesy of Dan Silverston/The Soho Sandwich company: p. 8; photo © sixty 7 a/2010 iStock International Inc.: p. 80; photo Sky Picture Group/ Rex Features: p. 149; Ron Spillman/Rex Features: p. 10; image courtesy of Nate Steiner: p. 34; photo stock.xchng: p. 12; Szathmary Family Culinary Collection: p. 59; Time & Life Pictures/Getty Images: p. 21; photo TS/Keystone USA /Rex Features: p. 89; photo Daniel Young: p. 128.

参考文献

邦訳書籍の書誌情報は訳者が調査した。

Abelson, Jenn, 'Arguments Spread Thick: Rivals Aren't Serving Same Food, Judge Rules', *The Boston Globe*, 10 November 2006

Allen, M. L., *Five o' Clock Tea* (London, 1886)

Allen, Woody, *Getting Even* (New York, 1971) ウディ・アレン『これでおあいこ』伊藤典夫／浅倉久志訳，河出書房新社，1992年

Barnes, Donna R., and Peter G. Rose, *Matters of Taste: Food and Drink in Seventeenth-Century Dutch Art and Life* (Albany, NY, 2002)

Bevan, Judi, *The Rise and Fall of Marks and Spencer: And How it Rose Again* (London, 2007)

Bowen, Carol, *The Giant Sandwich Book* (London, 1981)

Boxer, Arabella, *Arabella Boxer's Book of English Food* (London, 1993)

Brobeck, Florence, *The Lunch Box in Every Kind of Sandwich* (New York, 1946)

Bunyan, Nigel, 'Revealed: The Secrets of a British Rail Sandwich', *The Daily Telegraph*, 22 November 2002

Burton, David, *The Raj at Table* (London 1993)

Cadiou, Yvan, *Sandwiches and Then Some* (London, 2009)

Carter, Charles, *The Complete practical Cook, or, a new System of the Whole Art and Mystery of Cooking* (London, 1730)

Cowles, Florence A, *Five Hundred Sandwiches* (London, 1929)

——, *Seven Hundred Sandwiches* (Boston, 1929)

Crowen, Mrs T. J., *Mrs. Crowen's American Lady Cookery Book* (New York, 1866)

Davidson, Alan, 'Le sandwich d'un joueur', in *Le Dossier: Casse-Croute: aliment portative, repas indéfinissale*, ed. Julia Csergo (Paris, 2001)

Dodd, Philip B., *The Reverend Guppy's Aquarium: Encounters with the Heroes of the English Language* (London, 2007)

Dunnington, Rose, *Super Sandwiches: Wrap 'em Stack'em Stuff'em* (Asheville, NC, 2007)

Food Timeline, The, 'FAQs: sandwiches', www.foodtimeline.org/foodsandwiches.html

Fuller, Eva Greene, *The Up-to-Date Sandwich Book, 400 Ways to Make a Sandwich*.

(Chicago, 1927)
Guinn, Jeff, *Go Down Together: The True, Untold Story of Bonnie and Clyde* (London and New York 2009)
Gutman, Richard J. S., *American Diner Then and Now* (Baltimore, 2000)
Hardy, Emma, *'Pret a Manger' Salads and Sandwiches, How to Make them At Home* (London, 1996)
Heath, Ambrose, *Good Sandwiches and Picnic Dishes* (London, 1948)
Herbert. T., *Salads and Sandwiches* (London, 1890)
Jack, Florence B., *One Hundred Salads and Sandwiches* (London, 1928)
Kirkpatrick, Catherine, *500 Recipes for Sandwiches and Packed Meals* (London, 1984)
Leslie, Eliza, *The Lady's Receipt-Book* (Philadelphia, PA, 1847)
Leyel, Mrs. C. F., *Cold Savoury Meals* (London, 1927)
McKeon, Elizabeth, and Linda Everett, *The American Diner Cookbook* (Nashville , TN, 2003)
Mariani, John F. *The Encyclopedia of American Food and Drink* (New York, 1999)
Mason, Charlotte, *The Lady's assistant for regulating and supplying her table; containing one hundred and fifty select bills of fare* (London, 1773)
Mason, Laura, 'Everything Stops for Tea', in *Luncheon, Nuncheon and other Meals: Eating with the Victorians*, ed. C. Anne Wilson (London, 1994) pp. 71-91
Mayhew, Henry, *London Labour and London Poor* (London, 1851) ヘンリー・メイヒュー『ヴィクトリア時代　ロンドン路地裏の生活誌』(ジョン・キャニング編の抜萃版) 植松靖夫訳，原書房，2011年
Mintel, *Sandwiches* (A Mintel Leisure Intelligence Report, Great Britain, 2001)
Miller, Stephen, *Starting and Running a Sandwich-Coffee Bar* (London, 2002)
Moran, Joe, *Queuing for Beginners: The Story of Daily Life from Breakfast to Bedtime* (London, 2007)
Morton, Mark, 'Bread and Meat for God's Sake', *Gastronomica* (Summer 2004), pp. 6-7
Neil, Marion Harris, *Salads, Sandwiches and Chafing Dish Recipes* (London, 1916)
Panati, Charles, *Panati's Extraordinary Origins of Everyday Things* (New York, 1987), p. 400 チャールズ・パナティ『物事のはじまりハ？』バベル訳，フォーユー，1998年
Parasher, U. D., L. Dow, R. L. Fankhauser et al., 'An Outbreak of Viral Gastroeteritis Associated with the Consumption of Sandwiches: Implications for the Control of Transmission by Food Handlers', *Epidemiology and Infection*, CXXI/3 (December

1998)
Pearson, Joseph, *Pearson's Political Dictionary* (London, 1793)
Peel, Cecilia, Indian Curries, Soups and Sandwiches: *A Complete Guide for European Housekeepers* (London 1931)
Putnam, Mrs E., *Mrs. Putnam's Receipt Book and Young Housekeeper's Assistant*, new and enlarged edition (New York, 1869)
Ray, John, *Observations Topographical, Moral and Physiological made in a Journey through part of the Low-Countries* (London, 1673)
Redington White, M., *Something New in Sandwiches* (London, 1933)
Renner, H. D., *The Origin of Food Habits* (London, 1944)
Rhodes, Hugh, *The Boke of Nurtur for Men Servants* (London, 1560)
Ridgway, Judy, *The Breville Toasted Sandwich Book* (Cambridge, 1982)
Robyns, Gwen, *The Book of Sandwiches* (London and Sydney, 1984)
Rodger, N.A.M., *The Insatiable Earl: A Life of John Montagu, Fourth Earl of Sandwich (1718-1792)*, (London, 1993)
Rorer, S. T., *Sandwiches* (Philadelphia, pa, 1894)
Schama, Simon, *The Embarrassment of Riches* (London, 1987)
Shircliffe, Arnold, *The Edgewater Sandwich and Hors'd'oeuvre Book* (New York, 1975)
Sinclair, Rabbi Julian, 'Karich', *The Jewish Chronicle Online*, 21 August 2008
Smith, Andrew F., 'Sandwiches', entry in *The Oxford Encyclopedia of Food and Drink in America* (Oxford, 2004)
Southworth, May E., *One Hundred and One Sandwiches*, revd edn (San Francisco, CA, 1906)
Steele, Louise, *The Book of Sandwiches* (London and New York, 1989) ルイーズ・スティール『サンドウィッチ』野間けい子訳, CBS・ソニー出版, 1989年
Stern, Jane and Stern, Michael, *Roadfood Sandwiches: Recipes and Lore from our Favourite Shops Coast to Coast* (New York, 2007)
Stuart, Tristram, *Waste: Uncovering the Global Food Scandal* (London, 2009) トリストラム・スチュアート『世界の食料ムダ捨て事情』中村友訳, 日本放送出版協会, 2010年
Ward, Artemus *Sandwiches* (Montreal, 1870)
Weingarten, Susan, 'Haroset' in *Authenticity in the Kitchen: Proceedings on the Oxford Symposium on Food and Cookery 2005* (Totnes, 2006), pp. 414-27
Wilson, C. Anne, *Food and Drink in Britain: From the Stone Age to Recent Times* (London,

1973)
Woodman, Mary, *100 Varieties of Sandwiches and How to Prepare Them* (London, 1934)

有名なサンドイッチ50種

◉ヴァダパヴ Vada Pav

構成：香辛料を効かせたマッシュポテトをしっかり揚げたパティをバンズ（「パヴ」）にはさむ。

起源：1971年のインド。ムンバイのダダール駅の外の路上で軽食を売っていたアショク・バイディアが考案したのが最初。

◉ウェスタン・サンドイッチ（別名デンヴァー・サンドイッチ） Western Sandwiches (Denver Sandwiches)

構成：ハムとピーマンと玉ねぎ入りのスクランブルエッグまたはオムレツをロールパンまたはトーストにはさむ。

起源：アメリカ西部。「ウェスタンオムレツ」という言葉が初めて登場したのは1935年。「デンヴァー・サンドイッチ」という言葉は1918年に初めて印刷物に登場している。

◉エルヴィス・サンドイッチ Elvis Sandwich

構成：ピーナツバターとつぶしたバナナ入りの白いスライスパンのサンドイッチ。ベーコンを加え，バターまたはベーコンの脂できつね色になるまで焼くこともある。

起源：アメリカ。エルヴィス・プレスリー（1935 ～ 1977）が食べていた。

◉カプレーゼ Caprese

構成：モッツァレラチーズ，バジル，トマトをスライスし，皮の堅い白いパン（チャバタなど）にはさむ。同じ名前のサラダのサンドイッチ版。

起源：イタリアのカプリ島。

◉キャビアのサンドイッチ Caviar Sandwich

構成：キャビア（本物のチョウザメのキャビアでも，ランプフィッシュの卵を使った代用品でもよい），クリームチーズまたはサワークリーム，玉ねぎのすりおろしをライ麦パンにはさむ。

起源：スカンジナヴィア半島，ロシア，東ヨーロッパで食べられていた。

◉キュウリのサンドイッチ Cucumber Sandwiches

構成：ごく薄くスライスしたキュウリをごく薄くスライスしてバターを塗った白いパンにはさみ，耳を落として三角形に切る。

起源：19世紀，イギリスのアフタヌーンティーで食べられていた。

◉ギロス（ドネルケバブ，シャワーマなどとも） Gyros (Doner Kebab, Shawarma, etc.)

構成：縦串につけて焼いた羊のひき肉を玉ねぎ，トマト，千切りレタス，ホットソースなどと一緒にピタブレッドに詰める。**スブラキ**は小さく切った羊肉をグリルして同様にする。

起源：グリルした羊肉をフラットブレッドにはさむタイプのサンドイッチは，古代から中東で食べられてきた。

◉クラブサンドイッチ Club Sandwich

構成：チキン，ベーコン，レタス，トマト，マヨネーズを通常はトーストした2枚または3枚のパンにはさみ，ようじで固定する。単にダブルデッカーサンドイッチ［2層のサンドイッチ］の名称として使われることもある。

起源：アメリカ，19世紀後半。

◉クリスマス・サンドイッチ（チキン・アンド・スタッフィングとも） Christmas Sandwich (Chicken and Stuffing)

構成：残り物のローストターキー，中の詰め物（スタッフィング），クランベリーソースなど。

起源：イギリスとアメリカで食べられている。正確な発祥の地はわかっていない。ローストターキー，マッシュポテト，クルミのソースを具にした「クリスマスウィーク」のサンドイッチは1933年の出版物に登場する。

◉クリームチーズ・ウィズ・ロックス（別名スモークサーモン・アンド・クリームチーズ）［ロックスとはスモークサーモンのこと］Cream Cheese with Lox (Smoked Salmon and Cream Cheese)

構成：クリームチーズとスモークサーモンをベーグルまたは2枚のライ麦パンあるいは全粒粉のパンにはさむ。ケイパーを加えることもある。イギリスではスモークサーモンのサンドイッチは伝統的にクリームチーズではなくバターで作られる。

起源：アメリカ。ユダヤ系アメリカ人経営のデリフード。

◉**クロックムッシュ** Croque-Monsieur

構成：白いパン（またはやわらかいパンドミー［イギリスの角型食パンに似せて作ったフランスのパン］）を使った，ハムとチーズにベシャメルソース［小麦粉とバターと牛乳で作ったホワイトソース］（できればナツメグで香りづけをする）の層を重ねた熱々のサンドイッチ。チーズはグリュイエールかエメンタールを使い，ハムは薄切りで加熱しなければならない。バリエーションは数多く，クロックマダム（卵焼き入り），クロックセニョール（サルサ入り），クロックプロヴァンサル（トマト入り），クロックオーベルニャ（ブルー・ドーベルニュ・チーズ入り），クロックハワイアン（パイナップル入り），クロックノルヴェジャン（スモークサーモン入り），そしてマクドナルドが出している，ハンバーガーのように丸いクロックマクドがある。

起源：フランスのスナックバーの食べ物で，起源は不明だが20世紀初期にさかのぼる。名前はクロケ（パリパリ音を出して噛み砕く，の意）とムッシュ(男性を指す）から。

◉**サンドイッチ・デミガ** Sandwiches de Miga

構成：イタリアの**トラメッツィーニ**に似た耳を落とした白いサンドイッチで，薄切りのハム，卵，サラダ，マヨネーズなどをはさむ。

起源：アルゼンチン。

◉**スロッピージョー** Sloppy Joe

構成：牛ひき肉，玉ねぎ，ピーマン，ケチャップを一緒に炒めてハンバーガー用のパンに形をつけずにはさんで出す。

起源：1930年代のアメリカ（印刷物に初めて登場したのは1935年)。**ルースミート・サンドイッチ**，**マンウィッチ**の名でも知られる。スロッピージョー・ブランドのソースが「サンドイッチはサンドイッチ，でもマンウィッチは食事です」のキャッチフレーズで1969年に発売された。

◉**ダグウッド** Dagwood

構成：できるだけそぐわない材料同士をたくさん，複数のスライスパンの間に積み上げる。

起源：アメリカ，1936年の漫画『ブロンディ』で考案されたのが最初。

◉卵とクレス Egg and Cress

構成：固ゆで卵のみじん切り，マヨネーズ，サラダクレス［かいわれ菜とよく似たパック野菜］をパンの間にはさむ。麦芽入り穀倉パンを使うことが多い。

起源：伝統的なイギリスのサンドイッチ。

◉チーズステーキ（別名フィリー・チーズステーキ） Cheesesteak（Philly Cheesesteak）

構成：玉ねぎと一緒に焼いた牛肉の薄切りにプロセスチーズ（クラフトのスライスチーズかスプレー缶入りチーズウィズ）と調味料をトッピングし，カリカリした食感のイタリアンロールまたは**ホーギー**にはさむ。

起源：フィラデルフィア（ペンシルヴァニア州。初登場は1930年，「パッツ・キング・オステーキ」でとされる）。

◉チップバティ（別名フライドポテトサンド） Chip Butty（French Fry Sandwich）

構成：フライドポテトにケチャップかブラウンソースをびしゃびしゃにかけてバターを塗った白いパン（またはバップ［ハンバーガーのバンズに似たスコットランドのパン］――「チップ・バップ」）にはさむ。ケバブ店バージョンとして，フライドポテトにマヨネーズをかけてピタブレッドにはさんだものがある。

起源：イギリス，特に北イングランドのフライドポテト店で販売されている。

◉チビート Chivito

構成：牛肉のシュラスコ［鉄串に肉を刺して炭火で焼く料理］，オリーブ，モッツァレラチーズ，トマト，ベーコンをバンズにはさみ，通常はフライドポテトを添えて出す。パプリカかピクルスを加えることもある。

起源：ウルグアイの国民的サンドイッチ。チビートとは「子ヤギ」を意味する。サンドイッチにこの名がついたのは，プンタデルエステ［ウルグアイ南東部の都市］のレストランでアルゼンチン出身の客が子ヤギを注文したのにかわりにこのサンドイッチが来たことからとされる。

◉チミチュリ Chimichurris

構成：串焼きした豚肉のサンドイッチ。キャベツが添えられることが多い。「ドミニカン・ハンバーガー」とも呼ばれる。

起源：カリブ海のドミニカ共和国。現地ではトラックで販売されることが多い。

◉チョリパン Choripán

構成：グリルしたチョリソー・ソーセージを皮の堅い白いバゲットタイプのロールパンにはさむ。ハーブの効いたチミチュリソースをかけることもある。

起源：アルゼンチン，ウルグアイ，チリ。

◉トースティーズ（ブレビルズ，ジャッフルズとも） Toasties (Brevilles, Jaffles etc.)

構成：想像のかぎり何でも具にして（チーズとピクルスからバナナとヌテラ［チョコレート味のヘーゼルナッツペーストのスプレッド］まで），2枚のパンにはさみトーストする。

起源：トーストでこしらえるサンドイッチは少なくとも18世紀から作られていたが，独自の「切って密閉する」機能のついたブレビルの「スナックン・サンドイッチ・メーカー」が発売されたのはようやく1974年になってからだった。南アフリカとオーストラリアではトーストサンドは**ジャッフルズ**と呼ばれている。**パニーニ**，**メルト**，**クロックムッシュ**，**モンテ・クリスト**も参照のこと。

◉トラメッツィーニ Tramezzini

構成：イギリスのアフタヌーンティーのサンドイッチをベースにした耳を落とした白いサンドイッチで，瓶詰のアーティチョーク，ハム，マヨネーズ，オリーブ，ツナなどが具になっている。

起源：イタリア。トリノのカステッロ広場にある「カフェ・ムラッサーノ」で考案されたと言われている。ヴェネチアでも人気が高い。

◉バインミー Bánh Mì

構成：実際にはベトナム語で単に「パン」を意味する言葉であるが，ベトナム以外で一般にバインミーとして知られるサンドイッチは通常，パテ，グリルした豚肉またはその他の肉，浅漬けしたニンジンと大根，コリアンダー［香菜］とトウガラシを，長く白いバゲットないし**ホーギー**に詰めたものである。

起源：ベトナム。しかし今ではニューヨーク，ロンドン，シドニー，メルボルン（オーストラリアではこのサンドイッチはベトナミーズ・ランチロールと呼ばれることもある）など世界中にある。

◉バウルー Bauru

構成：二重鍋［ふたつの鍋を上下に重ねて一組になっているもの。下の鍋で湯を

わかし，その熱で上の鍋の材料を調理する］でとかした3種のチーズ（現在ではモッツァレラのみが多い）をローストビーフ，トマト，ガーキンと一緒に，耳を一部切り落としたフレンチロール［生地に牛乳を入れて甘くやわらかくした丸型のパン］にはさむ。

起源：1934年にサンパウロ（ブラジル）の「ポントチック」というカフェである客（バウルー市出身のカシミロ・ピント・ネトというラジオパーソナリティ）が注文したのが始まり。

◉パストラミ・オン・ライ Pastrami on Rye

構成：パストラミ（塩漬けした牛の胸肉）をライ麦パンに分厚く重ねたもの。キュウリのピクルスを添えて出されることが多い。

起源：ユダヤ系アメリカ人の食べ物。起源はおそらく19世紀半ばまでさかのぼる。現在では，ニューヨークの「カッツ」などユダヤ系のデリにつきものである。

◉パニーニ（パニーノ） Panini (Panino)

構成：長い白いパンを水平に切り，モッツァレラとハムなどの具をはさみ，専用のパニーニプレスで焼いて独特の斜めの縞の焼き目をつけたトーストサンド。

起源：イタリア，おそらく最低でも100年前からある。しかし広まったのは1970年代のミラノの「パニーノテカ」［パニーニを売る店のこと］から。今ではグローバルフードとなり，世界のほぼいたるところで認知され食べられている。

◉バロス・ルコ（バロス・ハルパ） Barros Luco (Barros Jarpa)

構成：グリルの上で調理し熱々で出されるステーキととろけるチーズのサンドイッチ。**バロス・ハルパ**も同じだが，牛肉のかわりにハムを使う。

起源：チリ。1910～1915年までチリの大統領だったラモン・バロス・ルコにちなんでこの名がついた。バロス・ルコ大統領はサンチャゴの国会でよくこのサンドイッチを食べていた。**バロス・ハルパ**はエルネスト・バロス・ハルパ大臣にちなんで名づけられた。

◉バンカバブ Bun Kabab

構成：香辛料の効いたレンズ豆のパティ（あるいは肉のパティ）をハンバーガーのバンズまたはホットドッグ用ロールパンにはさむ。

起源：パキスタン。

◉ BLT BLT

構成：ベーコン，レタス，トマトとマヨネーズをスライスしたパンまたはトーストの間にはさむ。

起源：アメリカ。現在の形になったのはおそらく，このような略語があたりまえだった1930年代のダイナーにさかのぼる。それ以前のアメリカのベーコンサンドイッチのレシピには，レタスはあるがトマトはなかった。

◉ピーナツバター＆ジャム（別名 PBJ）Peanut Butter and Jelly (PBJ)

構成：ピーナツバターの層とジャムまたはジェリー［ジャムは果肉，ジェリーはジュースから作られる］（伝統的にブドウだがイチゴでもかまわない）の層を白いサンドイッチ用パンにはさむ。変種はCJ（クリームチーズとジェリー）。**フラッファーナッター**も参照。

起源：アメリカ。

◉ビーフ・オン・ウェック Beef on Weck

構成：レアのローストビーフと西洋わさびを，キャラウェイを散らしたカンメルウェックロール［塩味の丸型パン］にはさむ。

起源：ニューヨーク州西部とペンシルヴァニア州西部。

◉ファラフェル・サンドイッチ Falafel Sandwich

構成：香辛料で味つけして焼いたヒヨコ豆のパティを，タヒニソース［ゴマのペースト］かフムス［ヒヨコ豆のペーストにオイルやレモン汁，塩などで味つけしたもの］のサラダと一緒にフラットブレッドで包むかピタブレッドに詰める。ピクルスとホットソースを添えることもある。

起源：発祥はおそらく数百年前のエジプトだが，現在ではアラブ諸国をはじめ世界中で食べられている。西欧では完全菜食主義者の間で人気が高い。ポップコンサートにはファラフェルの屋台がかならず出ている。

◉フィッシュフィンガー・サンドイッチ Fish Finger Sandwich

構成：フィッシュフィンガー（パン粉をつけた細長い魚のフライ），白いパン，タルタルソース。

起源：イギリスの郷土料理。起源は不明だが，家庭で作られることが多い。

◉**フラッフファーナッター** Fluffernutter

構成：ピーナツバター&ジャム（別名PBJ）の変種だが，ジャムのかわりに瓶の「マシュマロフラッフ」［クリーム状のマシュマロを瓶詰にして売っている商品］で作る。

起源：アメリカ合衆国ニューイングランド。

◉**フランセジーニャ** Francesinha

構成：汁気の多い一種の**クロックムッシュ**で，ハムとリングィーサ・ソーセージその他の肉にとろけるチーズをかぶせ，ビールベースの濃厚なソースを上からかけたサンドイッチ。

起源：ポルトガルのポルト。おそらく1960年代に生まれた。

◉**ベーコンサンドイッチ（ベーコンサーニー）** Bacon Sandwich (Bacon Sarnie)

構成：焼いたベーコン（バックベーコン［脂肪分の少ないベーコン］でもストリーキーベーコン［脂肪と赤身が筋状になっているベーコン］でもよい）を2枚のパンの間にはさむ。トマトケチャップまたはブラウンソース［小麦粉とバターを茶色になるまで炒めてからブイヨンでのばしたソース］をかけてトーストしてもよい。

起源：イギリスの朝食。スコットランドでは「ピースン・ベーコン」の名で知られている。

◉**ベレッデ・ブローチェ** Belegde Broodje

構成：皮の堅いバゲットタイプのパンに冷肉またはチーズとほかの具をはさんで作った冷たいサンドイッチ。

起源：オランダ。このサンドイッチに類するものは数百年前から食べられてきた。

◉**ホーギー（別名グリンダー，ヒーロー，サブ，ウェッジなど）** Hoagie (Grinder, Hero, Sub, Wedge, etc.)

構成：横長に切ったやわらかいイタリアンローフに，オイルとヴィネガーであえたさまざまな冷肉とサラダ野菜をはさむ。温かいバリエーションとして，**ミートボールサブ**（トマトソースで煮た温かいミートボール入り）と**ヴィール・パルミジャーナ・ヒーロー**(パン粉をつけた子牛のカツレツ，モッツァレラチーズ，トマトソース）がある。

起源：アメリカ合衆国東海岸のイタリア系アメリカ人。

◉ボカディージョ・デ・トルティージャ Bocadillo de Tortilla

構成：冷えたスペイン風オムレツ（卵，玉ねぎ，ジャガイモで作る）を皮の堅い白いパンにはさんだウェッジ。

起源：伝統的なスペインのバー，食堂，ストリートフード。「トルティージャ・デ・パタータ（ジャガイモのオムレツ）」が初めて印刷物に登場したのは1817年。サンドイッチになったのはそれからしばらく後のことである。

◉ポーボーイ Po'Boy

構成：ルイジアナ州の皮の堅いサンドイッチ。エビ，カニ，カキなど揚げたシーフードをはさむことが多いが，ソーセージやローストビーフ，時にはフライドポテトまで具になることもある。具にはデブリスというグレービーをかける。

起源：アメリカ。ポーボーイの誕生はおそらく1920年代のニューオーリンズにさかのぼる。当時「マーティン・ブラザーズ」食料品店で出されていた。しかしマリアーニは「『プアボーイ』というサンドイッチ名は1875年から使われていた」と述べており，ポーボーイの変種である**オイスター・ローフ**のレシピ（加熱したカキを詰めた皮の堅いパン）は1824年までさかのぼることができる（メアリー・ランドルフ著『ヴァージニア・ハウスワイフ *The Virginia HouseWife*』）。ポーボーイの語源についても説が分かれ，ベッキー・マーキュリーはこの言葉が「『貧しい少年のために』とサンドイッチを求めた飢えた黒人の若者たち」に由来するのではないかとしているが，マリアーニはフランス語でチップを意味するプーボワールが語源かもしれないと述べている。

◉ポリライネン Porilainen

構成：ソーセージ，玉ねぎ，キュウリのピクルス，ケチャップをトーストにはさむ。

起源：フィンランド。現地ではファストフードとして食べられている。

◉ポルケッタ・サンドイッチ Porchetta Sandwich

構成：マリネしてローズマリーとニンニクとフェンネルシードとセージでローストした豚肉（正式には子ブタ）を水分の少ない皮の堅い白いロールパンにはさむ。

起源：イタリア全土，特にラツィオ州で出される。アメリカに渡ったイタリア人移民によって手を加えられ，たとえばフィラデルフィアの「トニー・ルー

クス」では炒めたブロッコリー・ラーブ（苦味のある青野菜）と豚肉を合わせたイタリアン・ローストポークのサンドイッチを出している。カナダでも非常に人気がある。

◉マファレッタ Muffaletta

構成：直径約25センチの大きな丸い平たいパンの中身をくりぬき，オリーブサラダ（オリーブ，カリフラワー，セロリ，ニンジン，オイル，ヴィネガー），塩漬け肉（サラミ，モルタデッラ，カピコーラ），チーズ（エメンタール，プロボローネ）を何層にも重ねて詰め，ワックスペーパーで包んだもの。いくつかに切り分けて出される。このサンドイッチひとつで数人分になる。

起源：1906年にニューオーリンズの「セントラル・グローサリー」でシチリア出身のサルバトーレ・ルポが初めて作った。

◉マーマイト・サンドイッチ（ベジマイトサイドイッチとも）Marmite Sandwich (Vegemite Sandwich)

構成：マーマイト酵母エキスとバタースプレッドを2枚のスライスパンにはさむ。マーマイトをバターの上に塗ることもあれば，ナイジェラ・ローソン［イギリスの人気料理研究家］流にバターに混ぜ込んで黄色っぽいマーマイト・サンドイッチの具に仕上げても良い。

起源：イギリス（マーマイトは1902年に商品化）。子供のお弁当やパーティーでよく作られる。ベジマイト・サンドイッチはオーストラリアでの名称。ベジマイトは1922年に発売された。

◉マンタオ・チャイニーズ・サンドイッチ Mantao Chinese Sandwiches

構成：さまざまな具（香辛料の効いた豚や牛の薄切りなど）を入れた，ゴマをトッピングした中華蒸しパン。

起源：マンタオ・チャイニーズ・サンドイッチは2009年からニューヨーク市内で売られるようになった。しかしこれとよく似た，ホーイエビン（荷葉餅）でローストポークその他の具を巻いたものは中国で昔から食べられていた。

◉メルト（ツナメルト，パティメルト，ターキーメルトなど）Melts (Tuna Melt, Patty Melt, Turkey Melt, etc.)

構成：ツナ，ターキー，肉のパティなど何らかの具ととろけるチーズの層をはさんだトーストサンド。

起源：アメリカ，20世紀のダイナーのメニュー。

◉モンテ・クリスト Monte Cristo
構成：フランスの**クロックムッシュ**のアメリカ版。伝統的にハムとチキンとスイスチーズを白いパンではさみ，溶き卵に浸して焼いたサンドイッチ。
起源：1930年代のアメリカ。「フレンチ・サンドイッチ」の名でも知られる。

◉ランプレドット Lampredotto
構成：牛の第4胃からとったトリッパ［いわゆるハチノス。モツ］をゆで，緑の「サルサヴェルデ［イタリアンパセリ，アンチョビ，ワインビネガー，オリーブオイルなどで作った緑色のソース］」と辛い赤の「サルサピカンテ［トマト，トウガラシ，オリーブオイルなどで作った辛いソース］」と一緒に皮の堅いロールパンにはさんで出す。パンは「バニャート」，すなわち肉汁に浸した状態で出す場合もある。
起源：イタリアのフィレンツェ中にある「ランプレドッタイ」という屋台で出されている。フィレンツェには1400年代からトリッパ売りがいた。

◉ルーベン・サンドイッチ Reuben
構成：コンビーフ（イギリスの缶詰ではなくアメリカのもの［アメリカでは塩漬けの牛肉のかたまりをコンビーフという］），ザワークラウト［酸っぱいキャベツの漬け物］，スイスチーズ，ロシアンドレッシング［マヨネーズとケチャップをベースに調味料と玉ねぎなどを加えたドレッシング］をライ麦パンに載せたもの。ザワークラウトのかわりにコールスローを使うこともある。
起源：1920年代のアメリカ。ただし考案された厳密な時期については諸説ある。伝統的なダイナーとデリのメニュー。

◉ロブスターロール Lobster Roll
構成：加熱したロブスターの肉，みじん切りしたセロリとグリーンオニオン［青ネギ，長ネギのこと］をマヨネーズであえ，ホットドッグ用のバンズに詰める。
起源：1929年にコネチカット州ミルフォードでシーフード店を営んでいたハリー・ペリーが考案した。もともとはマヨネーズではなくバターを使い，熱々を出していた。今ではニューイングランド一帯で食べられている。ニューヨー

ク市の「パール・オイスター・バー」（www.pearloysterbar.com）でも出しており，おいしいと評判が高い。

レシピ集

歴史上のサンドイッチ

◉オイスター・ローフの作り方

メアリー・ランドルフ著『ヴァージニア・ハウスワイフ *The Virginia HouseWife*』（1824年）より。

小さな丸いパンの上部を切り落とし、内側をくりぬいて、パンの中身をカキと一緒にシチュー鍋に入れ、水少々とバターをたっぷり加える。

10～15分煮たら良質のクリームをスプーン一杯入れて、パンの器に詰め、切り落とした上部で上手に蓋をし、オーブンでカリカリになるまで焼く。サイドディッシュとしてなら3つで十分。

…………………………………………

◉ピクニック用のサンドイッチ各種

ラフカディオ・ハーン著『ラフカディオ・ハーンのクレオール料理読本』（ニューオーリンズ、1885年ごろ刊）［河島弘美監修、鈴木あかね訳、阪急コミュニケーションズ、1998年］より。

パン屋のパンより自家製パンのほうがサンドイッチには向いているので、おいしいサンドイッチが食べたいならパンは自宅で焼くとよい。

ブレッド・アンド・バター・サンドイッチはパンをごく薄切りにし、無塩バターを均等に塗り、バターを塗った面同士を合わせる。

皿に環状に並べて上にパセリを飾る。バターを塗ったパンにスライスチーズや固くゆでてスライスしたりみじん切りにしたりした卵をはさんでもよい。

最高のサンドイッチはバターを塗った面の上にフレンチマスタードを伸ばし、ゆでたスモークタンまたはハムをはさんだものである。

…………………………………………

◉ヴィクトリア朝のラムとミントのサンドイッチ

T・ハーバート著『サラダとサンドイッチ *Salads and Sandwiches*』（1890年）より。

ラム肉のスライス、ミントの若い葉、レモンを一絞り。

…………………………………………

◉チーズのサンドイッチ

イザベル・ゴードン・カーティス著『賢い主婦の家庭料理 *The Good Housekeeping Woman's Home Cook Book*』（1909年）より。

すりおろしたマイルドなチーズ半カップとロックフォールチーズ半カップを

ペースト状に練り合わせ、小さじ一杯のパプリカとクリーム半カップを加える。なめらかになるまで混ぜ、グラハムパンに塗る。

◉ダブルサンドイッチ

レイエル夫人著『おいしい冷たい食事 *Savoury Cold Meals*』（1927年）より。

かぶをウェハースのように薄くスライスし、2枚のレタスの葉の間にはさんで、このサンドイッチをさらにバターを塗ったパンでサンドイッチする。

◉夢のサンドイッチ

フローレンス・ジャック著『サラダとサンドイッチ100種 *One Hundred Salads and Sandwiches*』（1928年）より。

パンとチーズの小さなサンドイッチを作り、耳を切り落とす。

卵に牛乳少々を加えて泡立て、サンドイッチをパンがやわらかくなりすぎない程度に浸してから、熱々のバターで両面がきつね色になるまで焼く。

◉青いちじくとアーモンドのサンドイッチ

レイエル夫人著『おいしい冷たい食事 *Savoury Cold Meals*』（1927年）より。

いちじくをピューレ状につぶし、バターを塗った白いパンの上に伸ばす。

スイートアーモンドを熱湯にくぐらせてから粗みじんにし、いちじくのピューレに散らす。これをサンドイッチにする。

◉ロシアン・クラブサンドイッチ

フローレンス・A・カウルズ著『サンドイッチ700種』（1929年）より。

これはフルーツカクテルに始まりスイーツで終わるミニ・コースディナーである。

パンを6枚の薄くて丸いスライスに切り分ける。いちばん小さいものは直径約4センチ、いちばん大きいものが直径10センチになるようにする。

いちばん大きなスライスを皿に載せ、ジャムを塗る。その上に次に大きなスライスを載せ、クリームチーズを塗る。さらにバターを塗った次のスライスを載せ、ベーコンまたはチキンにレタスとマヨネーズを添えて載せる。

4枚目のスライスの上には薄切りのトマトを、5枚目のスライスには薄切りのキュウリを載せる。いずれもパンにはバターを塗り、野菜にはマヨネーズ少々とレタスを添える。

いちばん上のパンにはバターを塗らず、上にバナナまたは別の果物のスライスを載せ、スタッフドオリーブをトッピングする。

パンの層が安定しないようであればようじで固定してもよいが、できればそれは避けたい。

……………………………………………

◉アスパラガス・ロール

セシリア・ピール著『インドのカレー、スープ、サンドイッチ *Indian Curries, Soups and Sandwiches*』（1930年）より。

太いタイプの白アスパラガスの缶詰がこのサンドイッチには最も適している。

アスパラガスの缶汁を切り、パンと同じ長さに切る。パンをごく薄くスライスし、マヨネーズを間隔を空けて塗り、片方の端にアスパラガスを置いてパンを巻く。

……………………………………………

◉バズビー・サンドイッチ

アーノルド・シャークリフ著『エッジウォーター・サンドイッチの本 *The Edgewater Sandwich Book*』（1975／1930年）より。

白いパン、ハチミツ、レモン、バター。

下の白いパンの薄切りに濾過したホワイトクローバーのハチミツを塗り、レモン果汁少々を加え、上に載せるパンには無塩バターを塗る。上下を合わせて、しゃれた形に切って出す。

サンドイッチに小さな蜂の巣のかけらか、くぼみをつけた小さなクリームチーズにハチミツかバール・ル・デュックのジャム［すぐりのジャム］を載せたもので飾ってもよい。スイカズラ、ナスタチウムまたはクローバーの花で飾っても魅力的。

……………………………………………

◉ゴルフクラブ

アーノルド・シャークリフ（1975／1930年）、クラブサンドイッチの変種。

トースト、レタス、ターキー、トマト、ピーマン、サウザンアイランドドレッシング、キャビア。

……………………………………………

◉「アタボーイ！」

M・レディントン・ホワイト著『新しいサンドイッチ *Something New in Sandwiches*』（1933年）より。

緑のトウモロコシの軸から粒をはずし、軽く塩を入れた熱湯でよく混ぜながらゆでる。

30分後に牛乳とバターと塩コショウを加え、たえずかき混ぜながらさらに10分煮る。このころにはコーンがどろりとしたポタージュ状になっているはずである。

バターを塗った熱々のトーストを3枚用意する。

いちばん下のスライスに熱々のベーコンのみじん切りとごくやわらかくゆでた熱々のサヤマメ少々を載せる。2枚目のスライスを載せ、コーンを塗る。3枚目のパンを載せて出す。

●ナスタチウム

アンブローズ・ヒース著『おいしいサンドイッチとピクニック料理 *Good Sandwiches and Picnic Dishes*』（1948年）より。

サンドイッチの具としてナスタチウムの葉のみじん切りを使うことはよく推奨されるが、このレシピでは花を使う。

パンにマヨネーズを塗り、花弁を隙間ができないように敷きつめる。もう1枚のパンで蓋をする。

●卵のサラダ、みじん切りオリーブ、トマト・アンチョビ・レタスのトースト

ルイ・P・ド・グイ『異国風のサンドイッチ *Sandwich Exotica*』（1975年）より。

3枚のトーストでつくるクラブスタイルのサンドイッチ。

いちばん下のトーストには卵のサラダを塗り、みじん切りのオリーブでトッピングする。

2枚目のトーストには薄切りのトマトを敷き、アンチョビフィレを載せ、レタスの葉でトッピングする。

3枚目のトーストを上に載せて完成。

現代のサンドイッチ

●マーティンのシュガーサンドイッチ

ビー・ウィルソン、ヒラリー・コックス、ルース・プラット編『お茶には何を？　セントマシューズスクールのファミリー・レシピ *What's for Tea? Family Recipes from St Matthew's School*』（2007年）より

マーティン・スマートはこう書いている。「いつもは子供たちに常識的な食事を与えているが、時にはこんな非常識なおやつで驚かせてやりたい。スライスパン1枚にバターを塗る。砂糖をふんだんに振りかける。半分にたたんでしっかり閉じる」。

●インドのトーストサンド

適度に水分がなくなった残り物の野菜カレーを大さじ約一杯とる（カレーは何でもよいが、お勧めはカリフラワーとジャガイモ、またはほうれんそうのバージだ）。

冷たいカレーをパンのスライスの上に広げる。

焼いたキューブ状のパニール（インドの白いチーズ）、塩コショウを上に載せる。生のコリアンダーのみじん切り、赤トウガラシ、スプリングオニオンを加えてもよい。

2枚目のパンで蓋をし、サンドイッ

チ・トースターで3～4分加熱する。ディップ用のチャツネを添えて出す。

………………………………………………

◉ PBJ

アマンダ・ヘッサー著『ミスター・ラテのための料理 *Cooking for Mr Latte*』（2003年）より

バーナデット・クーラからアイデアを得たヘッサーは、オードブルとして出す大人版「PBJ」［通常はピーナツバターとジャムのサンドイッチを指す］を作っている。

（ピーナツバターのかわりに）フォワグラのムースと（ぶどうジャムのかわりに）酸味のあるベリーのジャムを「バターを塗ったやわらかい」白いパンの間にはさみ、小さな四角形に切り分ける。

………………………………………………

◉トマトのサンドイッチ

このシンプルな夏のサンドイッチはある意味とてもぜいたくな一品である。新鮮な状態で作って作りたてを食べなければならないからだ。そして、トマトの果汁がパンにしみこんでしまうため、トマトの「サンドウェッジ」の作り置きは絶対にいけない。

焼きたての白いパンを何枚か薄切りにし、たっぷりとバターを塗る。

甘く熟したトマトのスライス――冷蔵庫から出すのではなく室温のもの――を加え、塩コショウでしっかり味つけする。

2枚目のパンで蓋をする前に、バジルの葉を加えたりセロリソルト［セロリシードの粉末を混ぜた塩］を振りかけたりする人もいるかもしれないが、こうした風味づけはいらない。トマトと塩コショウだけでエニード・ブライトンが描いたままの魅惑のトマトサンドイッチになる。

三角形ではなくふたつの長方形に切り分けるのがなぜかわたしの考えではベストである。

………………………………………………

◉高級なビーフのサンドイッチ（第4代伯爵に敬意を表して）

夕食にローストビーフを作った翌日に作るとよい（ローストビーフであれば何でもよい――モモ、リブ、あるいはぜいたくにヒレやサーロインでも）。

冷たいローストビーフを薄切りにし、2枚のパンの間に何層にも重ねる。

パンは1枚に無塩バターを塗り、もう1枚にはつんと効いた西洋わさびかイングリッシュマスタードを塗っておく。

さらにクレソンかトマトのスライスを重ね、しっかり閉じたらすぐに食べる。

………………………………………………

◉パテと洋ナシ

自分史上最高だったのがこのサンド

イッチ。一週間続けてこれを食べた。パリのリシュリュー通りの歴史あるフランス国立図書館で調査研究していた大学院生時代に、近所のサンドイッチ店で買ったものだ。

サンドイッチの具はなめらかなチキンレバーのパテと甘い洋ナシのチャツネ。パンはパン・ポワラーヌの薄切りだった。なめらかなパテと洋ナシにアクセントをつけるサラダは入っていなかったし、その必要もなかった。それだけで心が癒やされ栄養をもらった。

パリにはひとりも知り合いがいなかった。毎日、図書館と向かい合わせに中庭にひとりすわってランチを食べていても、自分にはこのサンドイッチがついていてくれる、と心強かった。

………………………………………

◉わたしの好きなサンドイッチ

おいしいサンドイッチなら、緑の葉野菜と酸っぱいヴィネグレット［フレンチドレッシング］を添えればごちそうに早変わりする（こうすればサラダにするかサンドイッチにするかという問題も解消）。一度に両方食べられて大満足だ。ヴィネグレットは潤滑剤——バターは不要——と調味料の二役を果たし、これでサンドイッチの味つけは完璧だ。

冷蔵庫の残り物でヴィネグレット・サンドイッチを作るのは楽しい。何を使ってもよいが、理想的な作り方は次の通り。

エキストラバージンオリーブオイルと白ワインヴィネガーを3：1の割合で合わせたものに砂糖とマルドン海塩を多めにひとつまみずつ加え、ジャムの空き瓶で振る。

一日たったサワードウブレッド（白でも黒でもよい）の薄めのスライス2枚を軽くトーストする。

1枚にマイルドなゴートチーズを塗り、パルマハムのスライスをパンからはみでるくらいたっぷりと載せる（ほかにお勧めの具は、残り物のローストチキンと瓶詰のアーティチョーク、グリュイエールチーズと生のマッシュルームのスライス、フムスと千切りのニンジンとパンプキンシード）。上に緑の葉野菜を載せられるだけ載せる。

ヴィネグレットをスプーンで振りかけ、2枚目のトーストでしっかりと蓋をする。

お好みの形に半分に切り、食べる。

トーストのかわりに長方形に切ったチャバタ［イタリアのもっちりしたパン］で作ってもよい。家で仕事をしている人なら理想のひとりランチになる。

注

序章　サンドイッチとは何か

(1) Andrew F. Smith, 'Sandwiches', *The Oxford Encyclopedia of Food and Drink in America* (Oxford, 2004), p. 399.

(2) 'Sandwich Facts and Figures to Make Your Mouth Water', at www.sandwich.org.uk (accessed November 2009).

(3) Isabella Beeton, *The Book of Household Management* (London, 1860) recipe 1877.

(4) Jenn Abelson, 'Arguments Spread Thick: Rivals Aren't Serving Same Food, Judge Rules', *The Boston Globe* (10 November 2006).

第1章　サンドイッチ伯爵起源説を検証する

(1) *Larousse Gastronomique* (London, 2001) p. 1038.

(2) この警句が初めて登場するのはチャールズ・ラムからサラ・ハチンソンに宛てた1825年1月20日付の手紙である。

(3) Woody Allen, *Getting Even* (New York, 1971).

(4) Alan Davidson, 'Le sandwich d'un joueur', in *Le Dossier: Casse-Croute: aliment portative, repas indéfinissale*, ed. Julia Csergo (Paris, 2001).

(5) N.A.M. Rodger, *The Insatiable Earl: A Life of John Montagu, Fourth Earl of Sandwich* (1718-1792) (London, 1993), p. 79.

(6) Ibid., p. 79.

(7) Ibid., p. 319.

(8) 著者との談話で（2009年7月）

(9) Charlotte Mason, *The Lady's assistant for regulating and supplying her table; containing one hundred and fifty select bills of fare* (1773), p. 125.

(10) Philip B. Dodd, *The Reverend Guppy's Aquarium: Encounters with the Heroes of the English Language* (London, 2007), pp. 166-167.

(11) Ibid., p. 159; www.earlofsandwichusa.com, accessed April 2010.

(12) 著者によるインタビューで（2009年7月）

(13) Dodd, *Reverend Guppy*, p. 165.

(14) Charles Panati, *Panati's Extraordinary Origins of Everyday Things* (New York,

1987), p. 400.

(15) Gwen Robyns, *The Book of Sandwiches* (London and Sydney, 1984), p. 10.

(16) Hugh Rhodes, *The Boke of Nurtur for Men Servants* (London, 1560).

(17) Susan Weingarten, 'Haroset' in *Authenticity in the Kitchen: Proceedings on the Oxford Symposium on Food and Cookery 2005* (Totnes, 2006), p. 414.

(18) C. Anne Wilson, *Food and Drink in Britain: From the Stone Age to Recent Times* (London, 1973), p. 265.

(19) Eliza Leslie, *The Lady's Receipt-Book* (Philadelphia, 1847) , p. 29.

(20) Mark Morton, 'Bread and Meat for God's Sake', *Gastronomica* (Summer 2004), p. 6.

(21) John Northbrooke, *Spiritus est vicarious Christi in terra* (London, 1571).

(22) John Ray, Observations *Topographical, Moral and Physiological made in a Journey through part of the Low-Countries* (London, 1673), p. 51.

(23) Simon Schama, *The Embarrassment of Riches* (London, 1987), p. 157.

(24) For reproductions of these pictures see Donna R. Barnes and Peter G. Rose, *Matters of Taste: Food and Drink in Seventeenth-Century Dutch Art and Life* (Albany, NY, 2002).

(25) Charles Dickens, *The Old Curiosity Shop* (London, 1840), vol. I, chapter 1.

第2章　イギリスのサンドイッチ史

(1) C. Anne Wilson, *Food and Drink in Britain: From the Stone Age to Recent Times* (London, 1973), p. 265.

(2) Joseph Pearson, *Pearson's Political Dictionary* (London, 1793), 'S'.

(3) *Morning Post and Daily Advertiser* (6 September 1788); The Times (5 June 1789).

(4) The Times (3 December 1796).

(5) T. Herbert, *Salads and Sandwiches* (London, 1890), p. 21.

(6) Arabella Boxer, *Arabella Boxer's Book of English Food* (London, 1993).

(7) Quoted in Alan Davidson, 'Le sandwich d'un joueur', in *Le Dossier: Casse-Croute: liment portative, repas indéfinissale*, ed. Julia Csergo (Paris, 2001).

(8) Quoted in ibid.

(9) Henry Mayhew, *London Labour and the London Poor* (London, 1851), vol. I, chapter 9, 'Of the Experience of a Ham Sandwich Seller'.

(10) Mayhew, *London Labour*, vol. I, p. 178.

(11) Letter to *The Times* from J. R. Williams (10 September 1948).

(12) Robert Uhlig, 'Recycled Sandwiches Put Back on the Shelf', *Daily Telegraph* (24 January 2003).
(13) Joe Moran, *Queuing for Beginners: The Story of Daily Life from Breakfast to Bedtime* (London, 2007), p. 75.
(14) Nigel Bunyan, 'Revealed: The Secrets of a British Rail Sandwich', *Daily Telegraph* (22 November 2002).
(15) Moran, *Queuing, p. 79; Judi Bevan, The Rise and Fall of Marks and Spencer: And How it Rose Again* (London, 2007).
(16) U. D. Parasher, L. Dow, R. L. Fankhauser et al., 'An Outbreak of Viral Gastroenteritis Associated with the Consumption of Sandwiches: Implications for the Control of Transmission by Food Handlers', *Epidemiology and Infection*, CXXI/3 (December 1998), p. 620.
(17) R. J. Meldrum, R.M.M. Smith et al., 'Microbiological Quality of Randomly Selected Ready-to-eat Foods Sampled Between 2003 and 2005 in Wales, UK', *International Journal of Food Microbiology*, CVIII (2006), p. 400.
(18) 'Sandwiches that Serve up as Much Salt as 18 Packets of Crisps', *Daily Mail* (25 July 2008).
(19) Sally Parsonage, 'How to Choose Your Slice of Life', *The Times* (9 May 1975).
(20) 'The Household Column', *Manchester Times* (18 January 1890).
(21) Kevin Reed, 'Old Lunch Boxes Now Pack Memories, Big Bucks for Collectors', *Pop Culture* (25 August 2000).
(22) Marrion Burros, 'Presses New and Old Prove that Panini Aren't Picky', *New York Times* (17 July 2002).
(23) Classified section, *The Caledonian Mercury* (20 October 1851).
(24) Bee Wilson, 'Enzymes', *The Food Magazine*, 86 (2009).
(25) M. Redington White, *Something New in Sandwiches* (London, 1933), pp. ix, 78-80.
(26) Tristram Stuart, *Waste: Uncovering the Global Food Scandal* (London, 2009), p. 45.
(27) Stephen Miller, *Starting and Running a Sandwich-Coffee Bar* (London, 2002) pp. 98-99.
(28) *The Guardian*, word of mouth blog, 7 April 2010.

第3章　サンドイッチの社会学

(1) 'Observer of the Times', *A Diary of the Royal Tour in June, July, August and September 1789* (1789), p. 97.

(2) *European Magazine*, LXIV (1813), p. 336.
(3) Charlotte Mason, *The Lady's assistant for regulating and supplying her table; containing one hundred and fifty select bills of fare* (1773), p. 125.
(4) Henry James Pye, *Sketches on Various Subjects* (1797), p. 176
(5) *Louisa Matthews* by an eminent lady (1793).
(6) *The Times* (26 February 1802).
(7) Charles Dickens, *Little Dorrit* (1857), book 2, chapter 9.
(8) Letter to *The Times* (23 September 1883).
(9) Letter to *The Times* (5 February 1918).
(10) *The World and Fashionable Advertiser* (15 May 1788).
(11) *Morning Herald* (8 September 1788).
(12) Henry Mayhew, *London Labour and the London Poor* (London, 1851), vol. 1, p. 177.
(13) 'Grand Rowing Match', *The Times* (1 February 1804).
(14) *The Times* (20 May 1823).
(15) 'Advertisements and Notices', *Daily News* (13 April 1881).
(16) Letter to the Editor, *The Times* (4 October 1882).
(17) *New York American* (6 April 1898).
(18) Joseph Pearson, *Pearson's Political Dictionary* (London, 1793), 'S.SANDWICHIES'.
(19) *The Times* (6 February 1852).
(20) *The Times* (20 July 1824; 21 December 1858).
(21) Quoted in Alan Davidson, 'Le sandwich d'un joueur' in *Le Dossier: Casse-Croute: aliment portative, repas indéfinissale*, ed. Julia Csergo (Paris, 2001).

第4章　アメリカのサンドイッチ

(1) Eliza Leslie, *Directions for Cookery in its Various Branches*, (Philadelphia, 1840) p. 123.
(2) Mrs T. J. Crowen, *Mrs Crowen's American Lady Cookery Book* (New York, 1866), pp. 329-30; Mrs. E. Putnam, *Mrs Putnam's Receipt Book and Young Housekeeper's Assistant* (New York, 1869), p. 110.
(3) Marion H. Neil, *Salads, Sandwiches and Chafing Dish Recipes* (1916), pp. 91-92.
(4) Jane and Michael Stern, *Roadfood Sandwiches* (New York, 2007), p. 3.
(5) 'Club Sandwich Rivals Hash', *Boston Daily Globe* (5 August 1900).
(6) The Council of Jewish Women, *The Neighbourhood Cook Book* (Portland or, 1914), p. 282.

(7) Florence A. Cowles, *Seven Hundred Sandwiches* (1928), p. 185.
(8) *New York Times* (7 May 1930).
(9) Richard J. S. Gutman, *The American Diner Then and Now* (Baltimore and London, 2000), p. 14.
(10) Elizabeth McKeon and Linda Everett, *The American Diner Cookbook* (Nashville, TN, 2003), pp. 256-257.
(11) Gutman, *American Diner*, p. 40.
(12) Ibid., p. 97.
(13) Jeff Guinn, *Go Down Together: The True, Untold Story of Bonnie and Clyde* (London and New York, 2009) p. 157.
(14) Ibid., pp. 338-344.
(15) Stern and Stern, *Roadfood Sandwiches*, p. 13.
(16) R. W. Apple, 'In Hoagieland, They Accept No Substitutes', *New York Times* (28 May 2003).
(17) William Robbins, 'About Philadelphia', *New York Times* (17 April 1984).
(18) John F. Mariani, *The Encyclopedia of American Food and Drink* (New York, 1999), p. 154.
(19) At www.loc.gov/rr/print/swann/blondie/food.html (accessed 25 November 2009).
(20) Stern and Stern, *Roadfood Sandwiches*, p. 80.

第5章　世界のサンドイッチ

(1) At http://chowhound.chow.com/topics/ 269669 (accessed November 2009).
(2) Julia Moskin, 'Building on Layers of Tradition', *New York Times* (7 April 2009).
(3) At www.banhmill.com; Bee Wilson, 'The Kitchen Thinker', *The Sunday Telegraph*, 18 April 2010.
(4) *Oeuvres de Lord Byron*, trans. M. M. Amédée Pichot, vol. V (France 1830), translator's note.
(5) Gwen Robyns, *The Book of Sandwiches* (London and Sydney, 1984), p. 14.
(6) 'Sandwich Courses', *The Economist* (5 February 2009).
(7) At www.zenkimchi.com/FoodJournal/?p= 1647 (accessed November 2009).
(8) At http://forum.gaijinpot.com/showthread.php?t=71803 (accessed November 2009).
(9) At www.davidappleyard.com/japan/jp9.htm (accessed November 2009).
(10) 著者へのメール（2009年11月26日）

(11) Carlye Adler, 'How China Eats a Sandwich', *Fortune Small Business* (1 March 2005).
(12) 著者へのメール（2009年11月26日）

ビー・ウィルソン（Bee Wilson）
フードジャーナリスト，歴史学博士。『サンデー・テレグラフ』紙に毎週フードコラム「キッチン・シンカー」を寄稿しており，このコラムで2004年，2008年，2009年にギルド・オブ・フードライターズ・フードジャーナリスト・オブ・ザ・イヤーを受賞している。著書に『食品偽装の歴史』（高儀進訳／白水社），『キッチンの歴史——料理道具が変えた人類の食文化』（真田由美子訳／河出書房新社）などがある。

月谷真紀（つきたに・まき）
上智大学文学部卒業。翻訳家。訳書に，ライオネル・セイラム『誰かに教えたくなる世界一流企業のキャッチフレーズ』（クロスメディア・パブリッシング），フィリップ・コトラー／ケビン・レーン・ケラー『コトラー＆ケラーのマーケティング・マネジメント 第12版』（丸善出版），ジェレミー・イーデン／テリー・ロング『背伸びしない上司がチームを救う』（扶桑社）などがある。

「食《しょく》」の図書館《としょかん》

サンドイッチの歴史《れきし》

●

2015年7月24日　第1刷

著者……………ビー・ウィルソン

訳者……………月谷真紀《つきたにまき》

装幀……………佐々木正見

発行者……………成瀬雅人

発行所……………株式会社原書房

〒160-0022 東京都新宿区新宿 1-25-13

電話・代表 03(3354)0685

振替・00150-6-151594

http://www.harashobo.co.jp

印刷……………新灯印刷株式会社

製本……………東京美術紙工協業組合

ISBN 978-4-562-05169-4, Printed in Japan

パンの歴史《「食」の図書館》
ウィリアム・ルーベル／堤理華訳

変幻自在のパンの中には、よりよい食と暮らしを追い求めてきた人類の歴史がつまっている。多くのカラー図版とともに読み解く人とパンの6千年の物語。世界中のパンで作るレシピ付。

2000円

カレーの歴史《「食」の図書館》
コリーン・テイラー・セン／竹田円訳

「グローバル」という形容詞がふさわしいカレー。インド、イギリス、ヨーロッパ、南北アメリカ、アフリカ、アジア、日本など、世界中のカレーの歴史について豊富なカラー図版とともに楽しく読み解く。

2000円

キノコの歴史《「食」の図書館》
シンシア・D・バーテルセン／関根光宏訳

「神の食べもの」か「悪魔の食べもの」か？　キノコ自体の平易な解説はもちろん、採集・食べ方・保存、毒殺と中毒、宗教と幻覚、現代のキノコ産業についてまで述べた、キノコと人間の文化の歴史。

2000円

お茶の歴史《「食」の図書館》
ヘレン・サベリ／竹田円訳

中国、イギリス、インドの緑茶や紅茶のみならず、中央アジア、ロシア、トルコ、アフリカまで言及した、まさに「お茶の世界史」。日本茶、プラントハンター、ティーバッグ誕生秘話など、楽しい話題満載。

2000円

スパイスの歴史《「食」の図書館》
フレッド・ツァラ／竹田円訳

シナモン、コショウ、トウガラシなど5つの最重要スパイスに注目し、古代～大航海時代～現代まで、食はもちろん経済、戦争、科学など、世界を動かす原動力としてのスパイスのドラマチックな歴史を描く。

2000円

（価格は税別）

ミルクの歴史 《「食」の図書館》

ハンナ・ヴェルテン／堤理華訳

おいしいミルクには波瀾万丈の歴史があった。古代の搾乳法から美と健康の妙薬と珍重された時代、危険な「毒」と化したミルク産業誕生期の負の歴史、今日の隆盛までの人間とミルクの営みをグローバルに描く。　２０００円

ジャガイモの歴史 《「食」の図書館》

アンドルー・F・スミス／竹田円訳

南米原産のぶこつな食べものは、ヨーロッパの戦争や飢饉、アメリカ建国にも重要な影響を与えた！　波乱に満ちたジャガイモの歴史を豊富な写真と共に探検。ポテトチップス誕生秘話など楽しい話題も満載。　２０００円

スープの歴史 《「食」の図書館》

ジャネット・クラークソン／富永佐知子訳

石器時代や中世からインスタント製品全盛の現代までの歴史を豊富な写真とともに大研究。西洋と東洋のスープの決定的な違い、戦争との意外な関係ほか、最も基本的な料理「スープ」をおもしろく説き明かす。　２０００円

ビールの歴史 《「食」の図書館》

ギャビン・D・スミス／大間知知子訳

ビール造りは「女の仕事」だった古代、中世の時代から近代的なラガー・ビール誕生の時代、現代の隆盛までのビールの歩みを豊富な写真と共に描く。地ビールや各国ビール事情にもふれた、ビールの文化史！　２０００円

タマゴの歴史 《「食」の図書館》

ダイアン・トゥープス／村上彩訳

タマゴは単なる食べ物ではなく、完璧な形を持つ生命の根源、生命の象徴である。古代の調理法から最新のレシピまで人間とタマゴの関係を「食」から、芸術や工業デザインほか、文化史の視点までひも解く。　２０００円

（価格は税別）

ケーキの歴史物語　《お菓子の図書館》
ニコラ・ハンブル／堤理華訳
ケーキって一体なに？　いつ頃どこで生まれた？　フランスは豪華でイギリスは地味なのはなぜ？　始まり、作り方と食べ方の変遷、文化や社会との意外な関係など、実は奥深いケーキの歴史を楽しく説き明かす。　2000円

アイスクリームの歴史物語　《お菓子の図書館》
ローラ・ワイス／竹田円訳
アイスクリームの歴史は、多くの努力といくつかの素敵な偶然で出来ている。「超ぜいたく品」から大量消費社会に至るまで、コーンの誕生と影響力など、誰も知らないトリビアが盛りだくさんの楽しい本。　2000円

チョコレートの歴史物語　《お菓子の図書館》
サラ・モス、アレクサンダー・バデノック／堤理華訳
マヤ、アステカなどのメソアメリカで「神への捧げ物」だったカカオが、世界中を魅了するチョコレートになるまでの激動の歴史。原産地搾取という「負」の歴史、企業のイメージ戦略などについても言及。　2000円

パイの歴史物語　《お菓子の図書館》
ジャネット・クラークソン／竹田円訳
サクサクのパイは、昔は中身を保存・運搬するただの入れ物だった!?　中身を真空パックする実用料理だったパイが、芸術的なまでに進化する驚きの歴史。パイにこめられた庶民の知恵と工夫をお読みあれ。　2000円

パンケーキの歴史物語　《お菓子の図書館》
ケン・アルバーラ／関根光宏訳
甘くてしょっぱくて、素朴でゴージャス――変幻自在なパンケーキの意外に奥深い歴史。あっと驚く作り方・食べ方から、社会や文化、芸術との関係まで、パンケーキの楽しいエピソードが満載。レシピ付。　2000円

（価格は税別）